북한 경찰론

성준혁 지음

도서출판
진영사

북한경찰론
성준혁 지음

2020년 9월 15일 초판 인쇄
2020년 9월 25일 초판 발행

발행인 박 진 영
발행처 도서출판 진영사
인천광역시 부평구 갈산동 185번지 풍진빌딩 303호
전화 : 032)505-4207
팩스 : 032)505-4206
E-mail : 0183734207@hanmail.net
등록 : 122-91-77317

ISBN 978-89-6541-508-4 93350
값 12,000원

북한안보시리즈 I (경찰)

북한경찰론

성 준 혁 지음

도서출판 진영사

나의 아버지와

故 성연석을 기억하는 모든 분들께

차 례

머리말

제1부

북한과 경찰의 주민통제 ······ 14

제1장 북한의 주민통제 ······ 16

1. 기관 및 사법제도에 의한 통제 ······ 16
2. 사상 및 계층정책에 의한 통제 ······ 19
3. 노동당 및 사회조직에 의한 통제 ······ 21

제2장 경찰의 주민통제 ······ 25

1. 주민통제의 기본 방향 ······ 25
2. 사상적 통제 ······ 26
3. 계층 및 성분에 의한 통제 ······ 28
4. 교화(교정)시설 운용 ······ 30

제2부

북한 경찰 ······ 34

제1장 북한경찰의 역사 ······ 36

제2장 북한경찰의 조직 구성 ······ 41

1. 중앙 조직 ······ 41
2. 지방 조직 ······ 46

제3장 북한경찰의 채용과 교육 ······ 48

1. 보안원 선발과 인사 ······ 48
2. 교육기관 ······ 50

제4장 북한경찰의 특성 ······ 53

1. 정치적 업무 ······ 54
2. 주민등록 업무 ······ 56
3. 교정 업무 ······ 58

제5장 공산주의국가와 경찰 ······ 62

1. 공산주의국가 경찰의 특성 ······ 62
2. 소련의 경찰 ······ 64
3. 중국의 경찰 ······ 66
4. 동독의 경찰 ······ 67

제3부

역대 정권별 경찰의 역할 ······ 70

제1장 김일성 시대 경찰 ······ 72

1. 김일성 통치의 특성 ······ 72
2. 북한정권 수립 전후 변화 ······ 78
3. 경찰 지휘구조 변화 ······ 80
4. 조직 위상 변화 ······ 82

제2장 김정일 시대 경찰 ······ 84

1. 김정일 통치의 특성 ······ 84
2. 기관명칭 개정 및 기관장 교체 등 ······ 86
3. 경찰 지휘구조의 변화 ······ 87
4. 조직 위상 변화 ······ 88

제3장 김정은 시대 경찰 ······ 90

1. 김정은 통치의 특성 ······ 90
2. 기관장 교체 등 ······ 92
3. 교육기관(인민보안대학) ······ 92
4. 조직 위상 변화 ······ 93

제4장 법규에 의한 통제 ······ 94

1. 법규 통제의 특성 ······ 94
2. 김일성 시대 특성 ······ 103
3. 김정일 시대 특성 ······ 108
4. 김정은 시대 특성 ······ 113

제5장 통제유형 특성 ······ 120

1. 김정은 정권 이전 통제유형 ······ 120
2. 김정은 정권 이후 통제유형 ······ 132
3. 통제유형의 변화 ······ 145

참고문헌 및 부록 ······ 162

참고문헌 ······ 164
조선민주주의인민공화국 사회주의헌법 ······ 170
조선민주주의인민공화국 인민보안단속법 ······ 205
조선민주주의인민공화국 인민보안법 ······ 218

감사의 글 ······ 228

가장 안전한 나라
존경과 사랑 받는 경찰

2020년 경찰청 홈페이지에 게시되어 있는 대한민국 경찰의 비전(Vision)입니다. 경찰의 기본 임무는 국민의 생명과 재산을 지켜주는 것입니다. 즉 국민에게 안전서비스를 제공하는 것이라고 할 수 있습니다. 대한민국 경찰은 최상의 안전서비스를 제공함으로써 국민에게서 신뢰를 받고자 함을 알 수 있습니다. 최근에는 임무 수행과정에서 국민의 인권과 기본권을 존중하고 보호하기 위해 경찰을 포함한 많은 정부기관들이 공통적으로 노력하고 있습니다.

"다른 나라 인민들은 군대보다 경찰을 더 두려워 하는데
우리도 통제를 더 강력하게 할 필요가 있다."

경찰 조직의 수장(최부일 인민보안부장)이 공개석상에서 발언한 내용입니다. 인민의 사랑과 존경이 아닌 주민에게 공포와 두려움의 조직이 되고자 하는 표현입니다. 즉 인민을 통제 대상으로 바라보는 인식을 여과없이 표현했다고 보여집니다.

북한 경찰도 주민의 안전을 지키기 위한 치안 업무를 수행하고 있습니다. 그러나 북한 경찰은 최고권력자의 안전과 정권 유지를 우선 순위로 설정하고 임무를 수행하고 있습니다. 그러므로 북한 치안기관은 많은 인력과 업무 역량의 대부분을 체제 유지를 위해 투입하고 있습니다. 수령(국무위원장) 직속 공병부대 운영, 주민등록 및 성분분류 업무 수행, 우상화 사업 등이 대표적인 사례입니다. 실제 인민보안부는 다른 공안기관(국가안전보위부, 인민군 보위사령부 등)과 함께 김씨 가계의 정권 유지에 많은 기여를 했습니다. 특히 김정일 정권에서 '심화조 사건' 등을 주도하며 '고난의 행군'과 같은 위기 상황을 벗어나는데 결정적인 역할을 했습니다.

따라서 북한 경찰 조직을 이해하기 위해서는 북한 정권과 연계하여 함께 살펴볼 필요가 있습니다. 이 책은 북한의 경찰조직인 인민보안부에 대한 서적입니다. 인민보안부에 대한 정확한 접근을 위해서 김일성 · 김정일 · 김정은 정권과 함께 치안 기관을 살펴보았습니다. 이를 통해 북한 경찰의 주민통제와 특징을 정리했습니다.

제1부에서는 인민보안부에 대한 독자들의 이해를 돕기 위해 북한 정권 및 경찰의 주민 통제에 대해 요약해서 제시했습니다.

제2부에서는 북한 경찰의 역사 · 조직 · 인사 · 교육 · 특성을 각 장별로 나눠 기본적인 내용을 정리했습니다. 아울러 소련 · 중국 · 동독 등 공산주의국가 경찰의 특성도 간략하게 추가했습니다.

제3부에서는 북한 정권별(김일성 · 김정일 · 김정은) 경찰 조직의 지휘구조 · 위상 · 유의미한 변화 등에 대해 주요 내용들을 도출했습니다. 또 북한의 법규 통제에 대한 내용도 정리했습니다. 북한의 최고지도자들은

'법정치'를 매우 강조했습니다. 즉 법령과 규정 등을 통해서 북한 사회를 통제하고 자신들의 정권을 안정화시키려 했습니다. 특히 인민보안부 기관장들은 재임기간동안 최고인민회의 법제위원장을 겸임하며 제도적 통제에 앞장섰습니다.

저는 북한 경찰에 대한 연구를 하면서 인민보안부가 강제적 통제 기제(Repressive State Apparatuses : 이하 RSA)뿐만 아니라 다양한 이데올로기적 통제기제(Ideological State Apparatuses : 이하 ISA)들을 통해 북한주민들을 통제하고 있음을 인식했습니다. 정치사상적 업무, 성분분류 업무, 교화(교정) 업무 등이 대표적이 사례입니다. 북한 경찰은 RSA 기제들을 사용하여 주민들에 대해 기본적으로 강제에 의한 통제를 실시하고 있습니다. 그리고 다양한 ISA기제들을 통해 의식화와 재의식화 사업을 끊임없이 시행하고 있습니다.

인민보안부는 북한 인민들과 가장 접점에서 주민들을 통제하며 현실적으로 강한 영향력을 행사하고 있습니다. 따라서 인민보안부를 이해한다면 북한 최고지도자와 통제시스템에 대한 많은 통찰력을 얻을 수 있으리라 생각됩니다.

한편 북한 경찰조직 특성상 공식적인 자료들이 양적·질적으로 부족한 것이 엄연한 현실입니다. 또 내용을 정리하면서 자료 접근과 사실 확인이 어려운 부분도 많았다는 점을 독자분들에게 솔직히 말씀드립니다. 이 도서에서 부족하고 잘못된 부분에 대해 독자들께서 알려주시면 빠른 시간안에 보완하고 수정하겠습니다. 독자분들의 많은 관심과 도움을 부탁드립니다.

인민보안부에 대한 도서를 시작으로 저는 북한 공안기관(치안 · 정보 · 군사기관 등)과 안보분야 등으로 연구 범위를 계속 확대하고자 합니다. 꾸준히 내용을 보완하고 축척하며 도서를 발전시키겠습니다. 독자분들, 특히 안보 및 북한 분야 연구자들의 많은 조언과 도움을 부탁드립니다.

아무쪼록 북한 또는 북한 경찰에 관심있는 분들과 연구자들에게 이 책이 많은 도움이 되었으면 하는 바람이 간절합니다.

감사합니다.

2020년 가을

사계절이 아름다운

서울지방병무청에서

성 준 혁

제1부
북한과 경찰의 주민통제

제1장 북한의 주민통제
제2장 경찰의 주민통제

제1장

북한의 주민통제

1. 기관 및 사법제도에 의한 통제

(1) 행정기관

인민보안부는 경찰조직으로 일반 형사범, 경제사범 등을 대상으로 수사를 하고, 치안 유지활동을 한다. 기본적인 치안 업무 외에도 교정, 소방, 주민등록, 화폐 인쇄, 평양지하철 관리 및 운영 등의 다양한 업무를 수행한다. 광범위한 기능을 통해서 인민보안부는 북한 주민들을 종합적으로 감시 · 적발하고 처벌한다. 또 평양 등 북한 전역에 보안국(서), 분주소 등을 운영하며 일반 주민들을 통제한다.

국가안전보위부는 형사재판 제도와 별도로 운영되는 정치사찰 및 공작활동 기관이다. 국가안전보위부는 최고지도자의 정적, 정치사상범, 체제 위협 인물 등에 대해 감시, 구금, 체포, 처벌(사형 포함) 등을 법적 절차 없이 집행할 수 있는 막강한 권한을 가지고 있다. 국가안전보위부의 주임무는 수령의 신변 보호와 북한 체제 수호이다. 이를 위해 국가안전보위부는 기관, 기업소, 중대단위의 군부대까지 보위부원들을 파견하고, 중앙기관부터 각 지역 말단 행정단위까지 보위부원들을 상주 근무시키고 있다.

법무생활지도위원회는 1977년 제6기 최고인민회의에서 주민 통제 강화를 위해 신설된 기관이다. 그리고 1982년 김정일이 "사회주의 법무생활을 강화하는데 대하여"라는 논문에서 사회주의법무생활지도위원회의 기능과 역할을 더욱 높여야 한다고 교시한 것에 근거하여 집체적 지도기관으로 위상이 강화되었다. 법무생활지도위원회는 주민, 기관, 단체들이 법무생활 과정에서 노동당의 노선과 방침을 준수하도록 감시·감독하는 기관이다. 또 법무생활지도위원회는 감독기관(검열위원회, 검찰소 등)에 대한 통제도 담당한다.

(2) 군사기관

1990년대 북한은 대내외적으로 커다란 체제 위기에 봉착했다. 배급제가 중단되고 수많은 아사자가 발생할 정도로 경제난이 심각했고 범죄와 일탈 행위가 증가했다. 이러한 체제 위기 상황을 타개하기 위해 북한은 군대의 위상과 역할을 강화했다. 소위 '선군 정치'를 앞세워 인민무력부 보위사령부가 사회통제에 일정 역할을 담당했다. 김정일시대에 보위사령부 요원들이 기업소, 협동농장, 각급 기관, 대학 등에 배치되어 민간 부문도 직접 통제했다. 뿐만 아니라 혜산시 검열, 도시정화작전, 100일 전투 등을 통해 비사회주의적 현상을 단속하고 강력한 처벌을 실시했다.

인민무력부 보위국은 1992년 프룬제 아카데미아 사건과 1996년 6군단 사건을 해결하면서 보위사령부로 승격되었으며 보위국장이던 원응희는 중장에서 대장으로 고속 승진하여 보위사령관이 되었다. 또한 김정일은 김일성 통치하에서 성장한 경호원들이 대부분 근무하고 있다는 이유로 호위사령부를 신뢰하지 않고, 국방위원장은 당연히 군에서 경호해야 한다는 명분을 내세워 인민무력부 보위사령부에 경호담당 10처를 신설하는 등 보위사령부의 권한들을 확대하였다. 그러나 이후 보위사령부의 지나친 권력남용과 위상 강화에 부담감을 느낀 김정일은 군부를 완전히 장악한 후에는 보위사령부내 경호담당 10처를 국방위원회 직속 행사총국으로 분리하고 보위사령부를 다시 총정치국 소속으로 조정하였다.

(3) 사법제도

북한 사법제도의 가장 큰 특징은 반체제 세력 등을 통제하는 것이다. 이에 반해 피의자의 인권 보호와 재판의 중립성 유지는 매우 취약하다. 북한의 최고재판소는 최고인민회의에 책임을 지며 최고재판소는 최고인민회의에서 선출된 재판소장과 상임위원회에서 선출된 판사 및 인민참심원으로 구성된다. 인민참심원은 비법률가로서 노동당의 사법 통제를 위한 목적으로 재판에 참여한다. 이를 통해 사법부가 최고권력자인 수령과 노동당에 예속되어 있음을 알 수 있다. 즉 사법부의 독립성이 보장되지 않고 있다. 재판기관은 최고재판소, 도(직할시) 재판소. 시(구역)·군 인민재판소로 구성되어 있고, 별도로 특별재판소도 운영한다. 재판 절차는 범죄 유형에 따라 다르게 진행되는 경우가 대부분이다. 경제사범에 대해서는 재판소에서 판결이 내려지지만, 정치사범에 대해서는 국가안전보위부가 검찰기관과 재판기관의 관여 없이 단독으로 처리할 수 있다.

2. 사상 및 계층정책에 의한 통제

(1) 사상을 통한 통제

북한이 지배 이념을 주민들에게 내재화시키는 것은 정치사회화인데, 이는 '정치사상사업', '정치사상교양', '정치사업', '사상사업', '사상교양' 등으로 다양하게 표현된다. 특히 주체사상, 선군사상, 김일성-김정일주의와 같은 정치이념이 사회통제에 효과를 발휘할 수 있도록 북한은 학교 교육 등과 연계하여 정치사상교육을 끊임없이 실시하고 있다.

김일성은 집권 초기에 마르크스-레닌주의와 스탈린주의를 통해 북한을 통치했다. 그러나 1970년 노동당 제5차 대회에서 당의 공식 이념으로 주체사상이 채택되었고, 1980년 노동당 제6차 대회부터는 북한의 독자적인 통치 이념으로 확정되었다. 김정일정권의 통치 이념은 주체사상을 바탕으로 한 선군사상이었다. 선군사상은 2009년 헌법 개정시 지도사상으로 명시되었다. 김정은 정권은 김일성-김정일주의를 새로운 통치 이념으로 내세우고 있다. 김일성-김정일주의는 2012년 제4차 노동당 대표자회에서 당규약 개정을 통해 통치 이념으로 채택되었다.

(2) 계층정책을 통한 통제

북한 헌법 제65조에서는 "공민은 국가사회생활의 모든 분야에서 누구나 다 같은 권리를 가진다"고 규정하여 전 주민이 평등권을 가지고 있음을 공식적으로 밝히고 있다. 그러나 헌법 규정과는 달리 북한은 주민들을 계층별로 분류하고 철저한 차별정책을 실시하고 있다. 사회 계층은 물질, 가치 등의 보상이 특정 기준에 따라 차별화됨에 따라 일어나는 구조화된 계층 간 불평등을 의미한다. 북한은 1958년 중당당 집중지도사업을 진행하면서 전 주민에 대한 성분을 조사하고, 그들을 출신성분과 사회성분에 따라 구분하였다. 이후 주민 재등록사업, 주민 요해사업, 외국 귀화인 및 탈북자 요해 사업, 북송 재일교포 요해사업, 공민증 갱신 사업 등 성분조사를 수시로 실시하였다. 특히 1960년대 중반기 및 하반기에 '3계층 51개 부류 구분사업'을 통해 전체 주민을 핵심군중, 기본군중, 복잡군중으로 분류하고 계층별 인원을 다시 51개 부류로 세분화하였다. 핵심군중은 북한 체제를 통치하는 계층으로 인구의 약 28%가 해당된다. 핵심군중에는 김일성 가계와 친 · 인척들, 당 · 정 · 군의 중 · 하위급 간부들이 포함되어 있다. 특히 핵심군중 가운데 고급간부들은 평양과 같은 대도시에 거주하면서 고용 · 승진 · 주거 · 의료 등 대부분의 분야에서 다양한 혜택을 향유하고 있다. 뿐만 아니라 자녀들은 특수학교에서 교육을 받으며 신분을 세습하고 있다. 기본군중은 핵심군중에 포함되지 않고 노동당 당원이 아닌 계층으로 인구의 약 45%를 차지한다. 기본군중은 일반노동자, 기술자, 농민, 사무원, 교사 및 그 가족 등을 중심으로 이루어져 있다. 이들은 대부분 하급 간부 또는 기술자로 진출하며 제한된 수입과 불충분한 혜택 속에서 생활한다. 기본군중으로 분류된 주민들은 주로 지방의 중소도시와 농촌에 거주하며 특별 허가를 받아야만 평양 여행을 할 수 있다. 다만 일부 주민들은 핵심군중으로 계층이 조정되기도 한다. 복잡군중은 민족적 적대세력과 계급적 적대세력으로 구성된 계층으로 인구의 약 27%를 차지한다. 복잡군중은 이른바 불순분자, 반동분자 등으로 분류된 주민들이며, 북한 사회에서 기본권을 보장받지 못하고 심각한 차별 대우를 받고 있다. 복잡군중은 과거 지주 및 자본가 가족, 일제시대 공직자 가족, 6 · 25전쟁시 부역자 가족, 종교인 가족, 체포 및 투옥자 가족, 정치사범 및 경제사범, 반당 · 반혁명 종파분자 등으로 노동당 입당, 군장교 임관, 대학 진학 등이 원천적으로 제한된다. 출신성분으로 주민들을 차별하는 계층정책의 가장 큰 피해자는 복잡군중으로 분류된 사람들이다. 복잡군중에 속한 주민들은 북한 당국에 의해 철저하게 감시받고 관리되며, 사회생활의 모든 영역에서 차별대우를 받고 있다. 한편 30년 뒤인 1990년대 중반기에 북한은 다시 주민 전체를 핵심계층, 동요계층, 적대계층 등 3계층 45개 부류로 재분류하였다. 성분조사와 구분 사업은 인민보안부와 국가안전보위부가 담당한다. 그리고 북한의 계층은 출신성분과 당성(정치성)을 토대로 결정된다. 한편 북한에서 대부분의 계층 이동은 수평 이동(지역 또는 직업간 이동)이며, 수직 이동(계층 지위의 이동)은 드물다. 요컨대 북한의 계층 구조는 폐쇄형 불평등 구조이다. 이러한 폐쇄형 체제하에서 노동당과 북한 기관들은 주민을 보다 효과적으로 통제할 수 있다. 즉 북한의 계층 정책은 다수의 희생을 토대로 소수의 기득권과 특권 등이 보장되는 정책이며, 북한 체제 유지에 필요한 사회통제 수단의 하나라고 할 수 있다.

3. 노동당 및 사회조직에 의한 통제

(1) 조선노동당

북한 헌법에서 "조선민주주의인민공화국은 조선로동당의 령도 밑에 모든 활동을 진행한다"라고 노동당의 위상을 규정하고 있다. 그리고 2010년 9월 개정된 노동당 규약에서는 "위대한 수령 김일성동지를 영원히 높이 모시고 위대한 영도자 김정일 동지를 중심으로 하여 조직사상적으로 공고하게 결합된 노동계급과 근로인민대중의 핵심부대, 전위부대"로 당을 표현했다. 또 북한의 철학사전에서는 노동당을 "정치조직 가운데 최고 형태의 조직이며 프로레타리아 독재체계에서 지도적 및 향도적 력량"으로 정의하고 있다. 헌법, 당 규약, 사전 등에 표현되어 있는 노동당의 위상을 종합해 보면 북한에서 노동당은 절대적인 최고 권력 기관임을 알 수 있다. 북한의 모든 기관과 사회조직에는 당 조직이 편성되어 있고, 국가와 주민들은 당의 지시에 복종하며 살아간다. 즉 노동당은 북한 사회 전체를 움직이는 핵심기관이라고 할 수 있다.

한편 당을 "위대한 수령 김일성 동지의 당이다."라는 노동당 규약에서 알 수 있듯이 노동당은 실질적으로 수령의 개인 정당으로 기능하고 있다. 즉 북한에서 노동당은 수령의 사당(私黨)으로 변질되었다. 그리고 당 규약 전문에 나타난 노동당의 목적은 다음과 같다. 당면 목적은 "공화국 북반부에서 사회주의 강성대국 건설", 최종 목적은 "온 사회의 주체사상화와 공산주의사회 건설"로 표현되어 있다. 이러한 노동당의 목적을 달성하기 위해서는 위대한 사상이론가이자 탁월한 영도자인 수령이 노동당에 대한 지도력을 발휘해야 한다고 북한은 선전한다. 뿐만 아니라 수령의 지위는 계속해서 후계자에게 이어져야 하고 수령후계자도 "숭고한 사상정신적 자질과 혁명가적 풍모를 체현하고 있는 것으로 하여 로동계급의 혁명위업, 수령의 혁명위업계승에서 절대적인 지위를 차지하고 결정적인 역할을 한다"라고 규정함으로써, 수령후계자도 수령과 동일하다는 논리를 정립하였다. 이로 인해 김일성 가계에 의한 수령 계승과 노동당에 대한 지배도 계속되고 있다.

마르크스-레닌주의에서 공산당의 역할은 프롤레타리아 독재의 전위대 역할을 수행한다. 그러나 북한에서 노동당은 절대적인 수령의 지위 때문에 역할이 제한될 수 밖에 없다. '수령론', '사회정치적 생명론' 등을 통해서 수령은 북한에서 인간의 뇌와 같은 중추적인 역할을 담당한다고 북한 당국은 강조한다. 즉 수령은 북한 주민을 의식화 · 조직화하여 하나로 통합하는 정치력을 발휘할 뿐만 아니라 그들을 지휘 및 통솔하는 구심점 역할을 수행한다. 하지만 수령의 역할이 과도해지면 노동당의 자율성은 약화되고 축소되는 문제점이 발생한다. 요컨대 북한에서 노동당은 인민 대중에게는 그들을 지도하는 상급 기관이지만 수령론의 측면에서는 수령의 영도를 따르는 하급 기관이라고 할 수 있다.

노동당은 당적 지도를 통해 당원 및 일반 주민들을 조직적으로 통제한다. 노동당의 당적 지도는 정치적 지도(당 생활지도)와 정책적 지도로 실시된다. 먼저 정치적 지도부터 살펴보겠다. 정치적 지도는 조직생활에 대한 지도와 사상생활에 대한 지도로 이루어진다. 조직생활에 대한 지도와 사상생활에 대한 지도는 조직지도부와 선전선동부가 각각 담당한다. 정책적 지도는 입법기관, 행정기관, 군사기관, 공안기관, 사회단체를 대상으로 노동당 조직이 각 기관들을 통제하는 것을 뜻한다. 또 북한 주민들을 통제하는 하위 조직으로는 도·시(구역)·군 당위원회와 당세포가 있다. 노동당은 당원들에게 주민 생활 중에 발생하는 주요 사항들을 당 조직에 보고토록 함으로써 주민들의 일상 생활을 통제한다.

(2) 사회 조직

북한은 사회 전 분야에서 집단주의를 추구하는 사회이다. 북한에서 집단주의란 개인적인 생활보다 국가, 민족, 인민을 위해 살아가는 것이 가치 있다고 강조하는 이데올로기다. "조직생활은 사상단련의 용광로이며 혁명적 교양의 학교이다. 누구나 강한 조직생활을 통해서만 혁명적으로 단련될 수 있으며 로동계급의 혁명위업에 충실한 참된 혁명가로 자라날 수 있다"는 김일성의 발언, "개인주의적 인생관이 개인의 안일과 향락을 최고의 목적으로 여기는 인생관이라면, 집단주의적 인생관은 자기의 운명을 집단의 운명과 결부시키고 집단을 위한 투쟁에서 참다운 삶의 보람과 행복을 찾는 인생관"이라는 김정일의 발언을 통해서 북한에서 집단주의의 중요성을 확인할 수 있다. 북한에서 집단주의 정신은 정치경제 부문에서 군중노선(천리마운동, 3대혁명소조운동, 청산리방법, 속도전 등)으로 구현되어 노동력 동원 등 사회질서를 유지하는 수단으로 사용되고 있다. 그리고 사회 부문에서 집단주의 정신은 공사주의적 미풍으로 구현되어 미풍(고아 입양, 상이군인과의 결혼 권장, 유학생의 고향 봉사 장려 등) 실천을 통한 체제 동조 효과를 추구하고 있다. 김일성사회주의청년동맹, 조선직업총동맹, 조선농업근로자동맹, 조선민주여성동맹 등이 대표적인 사회조직들이다.

제2장

경찰의 주민통제

북한경찰론

1. 주민통제의 기본 방향

노동당 선전선동부는 김일성 가계에 의한 독재 정권 유지를 위해 북한 주민들에 대한 의식화 사업을 수행한다. 의식화 사업을 통해서 북한 주민들은 수령 및 노동당 노선을 받아들이고 복종한다.

한편 노동당 선전선동부에 의한 김씨 가계 우상화 작업 등은 1차적인 의식화 단계이다. 그리고 행정기관 및 여러 조직들을 통해 이루어지는 다양한 이념적 · 사회적 사업들은 2차적 의식화단계라고 본 연구에서는 개념화하고자 한다. 즉 인민보안부가 담당하는 정치사상 사업, 주민요해 사업, 교화 사업 등을 의식화사업으로 넓게 범주화하여 치안유지 사업 등과는 구분하고자 한다. 인민보안부의 이러한 의식화 사업이 북한 주민들에게 이데올로기적 통제기제로 작용하는 것이다.

인민보안부는 강제적 통제 기제뿐만 아니라 다양한 이데올로기적 통제 기제들을 통해 북한 주민들을 통제하고 있다. 정치사상 사업, 주민 요해 사업, 교화 사업 등이 대표적인 이데올로기적 통제기제들이다. 인민보안부는 지속적인 의식화사업을 통해 수령과 주민들에게서 통제의 정당성을 확보하고 있다. 즉 효과적인 통제를 위해 강제적 통제 기제와 설득적 통제 기제를 모두 중요하게 병행하고 있다.

과거 소련도 강제노동수용소 등 교화시설을 운영했고 동독도 많은 주요 인사들에 대해 방대한 문서관리를 실시했다. 그러나 북한은 운영 규모, 형태 등이 과거 사회주의 국가들보다 보다 높은 수준에서 강도 높게 의식화사업을 시행하고 있다.

인민군 총정치국 및 보위사령부는 주로 군인들을 상대로 정치사상 사업을 실시한다. 그리고 국가안전보위부는 정치범 등 반체제인사들을 대상으로 교화 사업 등을 집행한다. 반면 인민보안부는 북한 주민들과 가장 가까운 위치에서 대부분의 주민들을 대상으로 주민요해 사업, 교화 사업 등을 다양하게 수행하고 있다. 따라서 북한 공안기관들 중에서 대다수의 주민들에게 통제의 정당성을 인식시키는 의식화사업은 인민보안부가 담당하고 있다고 할 수 있다.

2. 사상적 통제

인민보안부는 냉전시대 공산주의 경찰의 특성인 정치사상 사업을 수행한다. 일반적으로 사회주의권에서 말하는 정치사상 사업이란 공산혁명의 목적, 의의, 업적 그리고 수행방법 등을 공산당원과 주민들에게 주입시켜 소위 혁명과업을 원만히 수행할 수 있도록 조직 · 동원하는 사업이다. 북한은 정치사상 사업을 "간부들과 당원들과 군중을 하나의 사상의지로 무장시켜 당과 수령의 두리에 묶어세우며 그들을 당 정책관철에로 불러 일으키는 조직정치사업"이라고 규정한다. 즉 정치사상 사업이란 북한주민들을 수령과 노동당 노선에 복종, 순응토록 하는 대표적인 의식화 사업의 일환이라고 볼 수 있다. 정치사상 사업은 인민보안부 정치국에서 총괄하며, 직할시 · 도의 경우 해당 보안국 정치부, 시 · 군의 경우 해당 보안부 정치부에서 담당한다. 정치국(부)은 인민보안부 내에서 당사업을 전담하는 독립조직으로 인민보안부장의 지휘를 받지 않고 조선노동당 중앙위원회의 지시를 받는 인민보안부에서 가장 막강한 부서이다. 정치국(부)에서 수행하는 정치사상 사업의 주요 내용으로는 수령옹호보위 및 조선혁명전통(김일성, 김정일 부자 업적) 교양, 당정책 선전 · 선동, 공산주의 교양 등이다. 이를 위해 인민보안부 산하 단위별로 생활총화, 정치학습, 강연회 등이 다양하게 실시되고 있다.

인민보안부는 중앙집권적 지휘체계 유지를 위해 전국 각 지역단위까지 분주소를 운영하고 있다. 분주소 산하에는 각 동(마을)마다 주재원을 근무시켜 주민들을 감시한다. 그리고 20세대에서 30세대단위로 인민반장을 임명하여 주민들을 철저히 통제한다. 또 인민반장뿐만 아니라 세대주반장, 위생반장, 선동원(인민반 당 분조장 겸임) 등도 인민반에서 주민들을 중첩적으로 감시하고 통제한다. 인민반은 생활총화 등을 통해 노력동원, 청소동원, 안전사고 방지 뿐만 아니라 주민들의 일상생활 등도 통제대상으로 하여 상호간에 자아비판 등을 하게 한다. 인민반장은 매일 주재관에게 특이사항을 보고하고 기록을 유지하며, 주재관은 인민보안소장(분소장)에게 보고하고 중요내용은 즉시 인민보안부 중앙기관 및 노동당에 보고되는 시스템이 구축되어 있다.

한편 인민보안부는 선전부 산하에 김일성혁명사상연구실, 김정일화 온실, 사적지 관리소, 선물사적관, 미술창작사, 문예창작사, 도서실, 출판물보급소, 조선인민내무군협주단, 기동예술 선전대 등을 직접 운영하며 의식화 사업을 적극적으로 펼치고 있다. 김일성혁명사상연구실에서는 조선혁명의 시조라는 김일성의 사상 즉 김일성주의를 연구하며, 김정일화 온실에서는 '김정일화'를 재배 · 연구하고 김정일 생일 축하기간동안 인민보안부는 기념전시회를 개최했다. 사적지 관리소에서는 김일성 · 김정일 동상 등 각종 혁명사적지를 관리 및 운영한다. 선물사적관에서는 최고지도자가 해외국가들로부터 받은 각종 선물을 전시 및 관리한다. 미술창작사는 수령과 노동당정책에 관한 사항을 미술작품 창작을 통해 홍보하며 문예창작사는 문학, 음악, 영화, 외국 도서 번역 등 각종 문예관련 창작, 출판활동을 시행하며 출판물보급소는 각종 선동 및 강연자료 등 관련 출판물을 제작 및 배포한다. 조선인민내무군협주단과 기동예술 선전대에서는 각종 공연 등을 통한 정치사상 사업을 수행한다.

3. 계층 및 성분에 의한 통제

주민 요해사업이란 17세 이상 북한 주민들의 사회정치적 배경(성분, 출생, 학력, 종교, 상벌관계 등)과 가족친척관계 등을 파악하여 관리하는 사업으로 일반적으로 주민등록사업이라고 한다. 주민요해사업은 크게 주민등록업무와 공민등록업무로 구분된다. 주민등록업무는 성분 분류조사, 공민증 대장 관리 · 유지, 거주지 변동사항 기록관리 등이며, 공민등록업무는 공민증 발급, 주민거주지 변동사항에 대해 주민등록 담당에 이관, 출생 · 사망신고 처리 등이다. 주민요해사업은 인민보안부 주민등록국에서 관할하며 직할시 · 도의 경우 해당 보안국 주민등록처, 시 · 군 보안부의 경우 주민등록과에서 담당한다. 주민 요해사업은 인민보안부가 수행하는 일상적인 업무지만 이를 통해 통제활동의 기본 자료가 구축된다고 볼 수 있다. 즉 주민 요해사업을 통해서 북한 주민들의 계층, 성분 등이 분류되고 이를 바탕으로 각종 통제와 평가들이 계속 이루어진다.

북한은 중앙당 집중지도 사업(1958년 12월~1960년 12월)을 통해 전 주민을 대상으로 한 성분조사사업을 전개하였으며 지금까지 해당 사업을 계속 지속해 오고 있다.

북한에서 성분이란 북한주민들을 통치하기 용이하도록 사회적 계층에 따라 구분하여 만든 일종의 신분제도를 의미한다. 성분은 출신성분과 사회성분으로 구분된다. 출신성분은 태어날 때 가정이 처한 사회계층적 관계에 따라서 구분되는 것으로 부모의 성분에 영향을 받아 규정되며, 사회성분은 본인이 직접 사회생활을 시작한 이후 직업 및 사회계층적 관계에 의하여 규정되는 성분을 의미한다. 예를 들어 노동당 당원의 경우, 입당할 때의 성분이 사회성분이 된다. 출신성분은 일제강점기를 포함하여 과거의 성분과 연관되기 때문에 혁명가, 노동자, 고농, 중농, 빈농, 부농, 학생, 사무원, 지주 등 다양한 반면 사회성분은 군인, 노동자, 농민, 사무원, 학생 등 5개로 정해져 있다. 북한에서 성분조사사업의 목적은 북한주민 전체에 대해 가족의 계급적 배경과 사회적 활동을 조사함으로써 정치성향을 파악하고 효과적으로 관리·통제하기 위한 것으로 볼 수 있으며, 주민들로 하여금 상층계층으로의 이동을 위한 끊임없는 충성과 복종을 유도하고 있는 것이다. 북한 주민들은 일반적으로 자신들이 어떤 부류에 속해 있는 지를 짐작하고 있지만 구체적으로 확인해 볼 권리가 없고 그렇게 할 수 있는 절차도 없다. 인민보안부, 국가안전보위부, 노동당에서만 주민들의 소속 부류를 알고 있으며, 인민보안부는 주민들의 부류를 일정 시기마다 조정한다.

북한은 1964년부터 1967년간 전국 규모의 주민재등록사업을 실시하고 이를 토대로 1971년 말까지 전 주민을 3개층 51개 부류로 분류하였는데 이 분류가 북한식 계층구조의 골격이다. 3개층 51개 부류는 북한 주민을 출신성분과 당성(정치성)이라는 기준에 따라 분류한 것으로 각각의 소집단은 의식주 배급에서부터 직업 배치, 교육 기회, 사회 이동 및 법적 처벌, 의료서비스, 여행허가증 획득 등 사회생활의 모든 영역에서 대우가 달라진다. 북한 주민의 성분 분류 및 대우는 〈표 1〉과 같다.

〈표 1〉 **북한주민 성분 분류 및 대우**

계 층	51개 부류	대 우
핵심계층 (핵심군중) 28%	노동자, 머슴, 빈농, 노동당원, 혁명유가족, 애국열사 유가족, 8 · 15이후 양성된 인테리, 전사자 가족, 후방 가족, 영예 군인 등	당 · 정 · 군 간부로 등용 타 계층과 분리 특혜 조치(진학, 배급, 거주, 진료 등)
동요계층 (기본군중) 45%	소 · 중상인, 수공업인, 소공장주, 하층접객업자, 중농, 민족자본가, 귀환인, 인테리, 접대부 및 미신숭배자, 유학자 및 지방 유지	각종 하급간부 및 기술자 진출, 충성심에 따라 극소수 핵심계층 승격
적대계층 (복잡군중) 27%	부농, 지주, 친일 · 친미주의자, 반동관료, 종교신자, 입북자, 출당자, 해고자, 간첩관계자, 반당종파분자, 정치범, 자본가, 월남자 가족 등	중노동종사, 진학 · 입당 봉쇄, 탄압 제재, 감시포섭 대상, 강제이주 격리수용, 감시교양, 극소수 동요계층 재분류

4. 교화(교정)시설 운용

북한에서 교정업무는 인민보안부와 국가안전보위부로 이원화되어 있다. 인민보안부는 강력범, 경제범 등 일반범죄자들을 대상으로 교정업무를 담당하고, 국가안전보위부는 반국가 및 반민족범죄자들 이른바 정치범들을 대상으로 교정업무를 담당한다. 교정업무는 인민보안부 교화국에서 담당하며, 수용시설로는 교화소, 노동단련대, 집결소, 관리소 등을 직접 운영한다. 인민보안부가 운영하는 교화시설 현황은 〈표 2〉와 같다.

교화소는 우리나라의 교도소와 같은 형태의 감옥이며, 인민보안부가 관리하는 구금시설 가운데 형량이 무거운 사람들을 수용하는 곳이다. 재판소에서 사형 또는 무기노동교화형(15년 이상의 형) · 유기노동교화형(1년~15년)을 선고받은 범죄자를 수용하며 대략 도 단위로 1개소가 설치되어 있다.

노동단련대는 1990년경에 '간단한 경범죄에 대해서는 군에서 자체적으로 교양시킬 데 대하여'라는 김정일의 방침에 따라 시 · 군마다 설치되어 있는 교화시설이다. 주로 절도범, 집단생활 이탈자 등이 수용되는 시설로 500~2,500여명 정도의 수용능력을 갖추고 있는 것으로 알려져 있다. 노동단련대는 처음에는 '교양대'라는 비상설 조직으로 운영되었으나 노동단련대라는 상설조직으로 변경되었다. 노동단련대는 군 보안서 감찰과 보안원 1명, 군당 3대혁명소조부 지도원 1명, 군 청년동맹 불량청소년 지도원 1명, 노동단련대 대장, 대열지도원 1명, 후방일꾼 1명 등으로 조직되어 있다.

집결소는 여행구역 이탈자, 여행기일 경과자, 부랑아, 사건 계류자 및 탈북자들을 조사하고 수감한 다음 수감자들의 거주지로 보내는 교화시설이다. 도마다 도 보안국 관할의 집결소를 운영하고 있다. 수감 대상자는 교화소에 보내기에는 죄질이 경미하고, 노동단련대로 보내기에는 죄질이 무거운 위반자들이다.

관리소는 정치범수용소로 국가안전보위부에서 운영한다. 정치범수용소에는 김일성 가계의 정적, 체제 비판자 등 정치사상범들이 대부분 수감되어 있다. 한편 인민보안부도 정치범수용소인 제18호 관리소를 운영하고 있다. 제18호 관리소는 약 5만여명이 수용된 탄광노역장으로 평안남도 북창군 득장리 대동강변에 위치하고 있다. 18호 관리소에는 과거 지주 출신, 6·25전쟁시 국군·미군 협조자 및 치안활동자, 반음모사건 연관자, 최고지도자들과 경쟁 관계에 있는 곁가지, 당 고위간부들 중 경제사범 등이 주로 수감되어 있다.

인민보안부가 운영하는 관리소는 운영 형태에서 국가안전보위부와 다소 차이가 있다. 가족 거주가 가능하도록 한 가구당 한 칸으로 된 주택이 제공되고 자식들에게는 중학교 과정까지 교육이 제공되며 수용소의 허락을 받아 결혼과 출산이 가능하다. 또한 관리소 내에 상점 운영, 일정한 노임 지급, 방송 시청, 노동신문 열람 등이 가능하다. 그리고 과거 지주나 치안대 활동을 했던 가족들 중 모범수감자들을 노동에서 해제시켜 해제민 구역으로 장소를 변경한다. 변경 시기는 수령 생일 등을 기념하여 연간 한두명 정도 이루어지며, 해제민 구역에서는 외부와의 소통이 가능하도록 조치된다. 한편 18호 관리소에서는 혁명화 작업반도 별도로 운영하고 있다. 혁명화작업반에는 노동당, 인민보안부, 국가안전보위부, 행정기관의 고위 간부들이 잘못을 저질렀을 때 수감된다. 이들은 일정기간 노동 등을 하며 수감생활을 하다가 소위 의식이 혁명화되었다고 판정을 받으면 출소가 가능하다. 혁명화 작업반에는 황장엽 비서의 배우자와 자식을 제외한 일가친척, 김용순 비서, 강선산 총리의 친족인 강명도, 월북 무용가 최승희 등이 일정기간 수감생활을 했다.

이와 같은 수용시설에서는 농장, 과수원, 탄광, 목장 등을 운영하며 노동을 통한 교화보다는 생산량 확대에 중점을 두고 수감자들에게 중노동을 부과하여 단위생산량이 일반사회보다 훨씬 높다. 인민보안부의 교화시설은 여건이 매우 열악하며, 복역기간이 정해져 있다는 점을 제외하고는 국가안전보위부가 운영하는 정치범수용소처럼 많은 인권유린행위들이 자행되는 것으로 알려져 있다.

〈표 2〉 인민보안부의 교화시설 현황

구 분	위치 / 명 칭	대 상
교화소 (10개소)	평안남도 개천(제1교화소)	강력범(살인, 강도, 강간 등)과 경제사범 중 중형(1년이상 15년 미만)을 선고받은 중범죄자를 장기 수용하여 노동 훈련을 통해 재교육 실시
	함경남도 덕성(경제사범 수용)	
	평양시 보통강구역(제8교화소)	
	평안북도 신의주(여성 전용)	
	평안북도 천마	
	강원도 천내	
	강원도 원산	
	황해북도 사리원	
	함경북도 정평	
	양강도 김책(3회이상 탈북자 수용)	
노동단련대	11호 교양소(평남 증산, 여성 전용)	단순절도범 중 경범죄자 수용 및 노역, 수용기간은 1년이나 경제범죄의 급증으로 단기출소 증가, 교양보다 단순처벌에 집중
	22호 교양소(함남 신흥)	
	33호 교양소(평남 숙천, 청소년범)	
	55호 교양소(평양 형제산구역)	
	66호 교양소(평북 동림)	
	77호 교양소(함북 단천)	
	88호 교양소(강원 원산)	
69호 노동교양소	시 · 군 단위별로 1개소 설치	근무불성실, 단순절도 등 경미한 범죄자로 담당지역 보안부장의 결정과 관할 검찰소의 확인으로 재판없이 3월~1년간 수용 및 노역
관리소 (정치범)	18호 관리소(평남 북창)	귀순자, 망명자, 청산계급 분류자 등의 친인척 등 정치범 가족, 상습범 및 거액경제사범 등 수용 및 강제노역(약 5만~6만명 추정)

* 자료 : 「북한인권백서」 재구성.

제2부

북한 경찰

제1장 북한경찰의 역사

제2장 북한경찰의 조직 구성

제3장 북한경찰의 채용과 교육

제4장 북한경찰의 특성

제5장 공산주의국가와 경찰

제1장

북한경찰의 역사

북한경찰론

광복이후 북한지역에 소련군이 진주하기 전까지 치안은 일본군 및 경찰에 의해 유지되었으나, 이후 각 지역별로 민간치안조직인 자위대(우익진영), 치안대(좌익진영), 적위대(소련군 출신 한인조직) 등이 조직되어 자체적으로 치안활동을 하였다. 그러나 소련군이 북위 38도선 이북지역에 주둔하면서 자생적인 치안조직들은 대부분 해체되고 소련군에 의하여 치안이 유지되었다. 북한에 진주한 소련군(소련 극동군 제1방면군 제25군 : 사령관 치스챠코프 대장)은 제25군 사령관 명령서(1945. 10. 12)를 발표하고 북한에서 활동하는 모든 무장조직들의 해체를 명령하였다. 이후 각 지역별로 치안질서 유지를 위해 소련군사령부와 협의 하에 규정된 인원수의 보안대가 조직되었고, 보안대는 북조선 5도 행정국 산하 보안국의 지휘 및 감독을 받았다.

1945년 10월에 개최된 이북5도 대표자협의회에서 조만식을 중심으로

한 민족 대표 인사들은 소련군사령부와 북한지역을 관장할 행정기구를 구성하기 위해 협의를 하였다. 11월 19일 5도 인민위원회협의회는 5도 행정국으로 확대되었고, 5도 행정국 산하에 보안국이 설치되었다. 초대 보안국장은 빨치산 출신의 최용건이었으며, 당시 보안국은 치안, 국경경비, 대남공작 등의 업무를 담당했다. 5도 행정국이 담당했던 기능은 1946년 2월 8일 출범한 북조선임시인민위원회(위원장 김일성)에 이관되었고, 북조선임시인민위원회의 보안국이 치안업무 등을 관장하였다. 보안국은 감찰, 경비, 호안(재해, 사고 예방과 처리), 소방 등의 부서와 대남공작을 전담하는 독립부서인 정치보위부로 구성되었으며 이후 북한은 1946년 5월 11일 보안국 산하에 무장경찰조직인 보안독립여단을 창설하였다. 김일성은 창설행사에 직접 참석하여 "보안독립여단은 프롤레타리아 독재기구로서 나라의 안전을 지키고 대내외 원쑤들의 침략을 막아야 한다."고 연설하였고, 이것이 북한 공안기관인 인민보안부, 국가안전보위부, 호위총국의 활동지침이 되었으며, 이를 '5 · 11 교시'라고 한다.

북조선임시인민위원회의 기능은 1947년 2월 20일 출범한 북조선인민위원회로 이관되었고, 과거의 보안국이 내무국으로 명칭이 변경되었다. 1948년 2월 7일 북조선인민위원회에 국방업무를 담당하는 민족보위국이 새롭게 조직되어, 과거 내무국의 기능이 치안유지를 전담하는 내무국과 국방업무를 전담하는 민족보위국으로 분리되었다. 1948년 9월 9일 조선민주주의인민공화국이 발족되면서 경찰기능을 수행했던 북조선인민위원회 내무국은 내각 산하의 내무성으로 소속이 변경되었고, 내무성이 북한 최초의 공식적인 경찰조직이다.

북한은 정권수립직후 경찰간부요원들을 단기간에 배출하기 위해 내무성산하에 중앙보안간부학교를 창설하였고, 1948년 9월 19일 중앙보안간부학교 제1기 졸업식에서 김일성은 직접 축사를 하며 내무간부들의 사명을 제시하였다. 김일성이 강조한 내무간부들의 사명은 마르크스-레닌주의와 당정책연구, 이념과 정책의 실생활 구현, 애국주의와 프롤레타리아 독재주의로서의 정신무장 등이다. 또 그는 내무기관은 농민과 노동자를 위해 일해야 하며, 북한 내부의 적을 철저히 찾아내야 한다고 강조하였다.

1951년 3월 북한은 내무성 편제 중 정치보위국과 다른 조직들을 통합하여 사회안전성을 신설했다. 사회안전성 신설 목적은 6·25전쟁동안 남한 협조자 등 반체제 세력들에 대한 효율적 통제와 과거 내무성 정치보위국에 대한 악명을 해소시켜 전시 치안업무를 효율화하기 위해서였다. 사회안전성은 중앙본부에 사회안전국, 철도안전국, 예심국, 보안국, 반항공국, 교화국, 정부호위국, 경비국, 후방국, 산림국, 정치국, 통신처 등을 운영하고 각 도·시·군 단위에는 사회안전부를 두었고 면단위의 경우에는 선별적으로 분주소를 설치했다. 사회안전성의 임무는 반국가행위 및 반혁명행위 감시, 외국인 방문객 감시, 치안유지 및 범죄단속, 국가기관 및 중요시설 경비, 교통질서 및 소방업무, 인구조사, 신분등록소 운영, 신원조사, 기밀문서 보관·관리, 교정시설(교화소·강제노동수용소 등) 운영 및 관리, 철도 경비, 국유재산 보호, 선박출입관리, 반항공 조직운영 등으로 다양하고 업무범위가 넓었다. 사회안전성 독립의 배경은 6·25전쟁중 유엔군 참전으로 유엔점령지역이 한반도에서 확대됨에 따라 치안유지 업무뿐만 아니라 반체제 세력관리 등 전시상황하의 효율적인 공안업무 등에 대한 전담조직이 필요함을 주장한 당시 방학세 내무성 정치보위국장의 주장을 전시 지휘부가 수용한 것으로 판단된다. 내무성에서 분리된 사회안전성은 1952년 10월 9일 다시 내무성으로 통합되었다. 이에 따라 기존 사회안전성이 수행하던 업무는 내무성 사회안전국이 담당하게 되었다. 사회안전국은 舊 내무성 정치보위국 업무 중 대남, 대외공작 업무들을 제외한 방첩업무를 담당했던 내무성 중요조직으로 임무는 북한주민 감시,

인민군 정치 사찰, 정부기관 주요인사 · 반체제 인사 감시 및 예심, 정당 · 사회단체 · 언론 · 출판 · 종교계 사찰, 대외정보수집, 한국정부에 협조한 북한 주민에 대한 수사 및 감시, 각 시 · 도 내무부에 대한 지도사업 등이다. 사회안전성이 내무성으로 다시 통합된 이유는 사회안전성이 관장하던 업무들이 과거보다 복잡하여 효율적인 업무 처리가 이루어지지 않았고, 내무성과의 업무 중복으로 치안업무에 혼란이 발생했기 때문으로 보인다. 그러나 통합 배경에는 방학세 사회안정상의 내무상 임명이 내정되어 있는 상황에서 본인이 관할하고 있던 사회안전성 조직을 내무성으로 통합시켜 자신의 영향력을 유지하려 했던 의도가 있었다는 의견도 존재한다. 또 당시 김일성이 사회안전성의 좌경적 편향을 지적했다는 점에서 사회안전성의 노동당사업 실패에 대한 책임추궁도 작용했을 것으로 분석된다. 1956년 내무성의 편제가 크게 확대되었는데, 당시 방학세 내무상 휘하에 5명의 부상과 9개국 7개처로 구성되었다. 확대된 편제는 제1국(사회안전국), 제2국(감찰국), 제3국(보안국), 제4국(정치국), 제5국(총무국), 제6국(후방국), 제7국(교화국), 제8국(경비국), 제9국(경위국: 경호업무 담당), 2처(간부처), 3처(경비처), 4처(반정찰처: 대남, 대외공작업무 담당), 5처(통신처), 7처(반항공처), 경제안전처였다. 특히 4처(반정찰처)는 舊 내무성 정치보위국 업무중 대남 · 대외공작 업무를 전담했던 부서로, 산하에 1부 대남부, 2부 일본부, 3부 극동부, 4부 경리부, 5부 통신부, 6부 공작부, 7부 구라파부를 운영했다. 1962년 10월 23일 내각 개편시 북한은 내무성의 핵심적인 업무인 경찰기능을 신설된 사회안전성으로 이관했고, 내무성은 토지, 산림, 강 · 하천, 항만, 영해, 호수 등 국토 및 자원에 대한 관리업무를 담당하게 하였다. 그리고 1964년 12월 4일 내무성은 국토관리성으로 개칭되었다. 1972년 12월 신헌법 채택과 함께 내각이 정무원으로 개편되면서 사회안전성은 사회안전부로 명칭이 변경되었다. 1973

년 5월 김일성의 사회안전업무와 정치보위업무 분리지시에 의해 사회안전부 산하 정치보위국이 분리되어 국가정치보위부로 독립되었다. 이에 따라 사회안전부는 치안질서 유지 등 일반경찰업무를, 국가정치보위부는 주민 및 국가기관에 대한 정치사찰, 반혁명 · 반국가범죄, 방첩, 대내외 정보사업, 특별독재대상구역인 관리소 운영 등의 비밀경찰 업무를 각각 담당하면서 두 기관의 업무가 구분되었다. 1982년 사회안전부장 이진수가 국가정치보위부장으로 임명되면서 과거 사회안전부가 담당하던 국경 · 해안경비 업무가 국가정치보위부로 이관되었다. 1982년 4월 5일 최고인민회의 제7기 1차회의시 사회안전부는 정무원 소속에서 분리되어 인민무력부 등과 함께 노동당 소속으로 변경되었다가, 1986년 12월 29일 개최된 최고인민회의 제8기 1차회의에서 다시 정무원 산하기관으로 소속이 조정되었다. 1998년 9월 5일 북한헌법의 수정 및 보충에 따라 정무원이 내각으로 개편되면서 사회안전부도 사회안전성으로 명칭이 다시 변경되었다. 2000년 최고인민회의 제10기 3차회의에서는 사회안전성의 명칭이 인민보안성으로 개칭되었다.

한편 2010년 인민보안성은 인민보안부라는 별도의 독립기관이 되는데 2010년 이전까지는 내각 산하 기관이었지만 인민무력부, 국가안전보위부 등과 같이 국방위원장의 지휘를 받는 국방위원회 소속기관으로 인민보안부의 편제가 변경되었다.

제2장

북한경찰의 조직 구성

1. 중앙 조직

인민보안부의 편제는 인민보안부장, 10여명의 부부장, 독립적인 노동당 조직인 정치국과 국가안전보위부 파견 상주부서인 보위부, 다양한 기능별 부서 등으로 구성되어 있다.

인민보안부장은 남한의 경찰청장에 해당하며 업무 전체를 총괄하고 인민보안부를 지휘한다. 부부장들은 인민보안부 업무를 기능별로 분담하여 인민보안부장을 보좌한다. 보안담당, 감찰담당, 내무담당, 후방담당, 주민등록담당, 공병담당, 의무담당 등으로 구분되어 있다.

정치국은 인민보안부내에서 노동당 사업을 관장하는 정치사업부서이다. 정치국장은 인민보안부장과 동등한 지위로서 인민보안부장의 지휘를 받지 않고 노동당 중앙위원회의 지휘를 받는다. 또 정치국은 인민보안부에 대한 업무감독권과 인사권을 보유하고 있기 때문에 인민보안부에서 가장 막강한 부서라고 할 수 있다. 당생활지도과는 보안원 전체에 대한 당조직 및 사상생활 지도 · 감독, 직무 감시 · 감독 등을 담당하며 간부부는 인사업무(선발, 해임, 승진, 표창 등)뿐만 아니라 지방 조직 및 직속기관의 정치사업을 지도 · 감독한다. 보위부는 전 보안원 및 인민보안부 조직에 대한 보위사업을 담당한다. 보위사업이란 체제 유지를 위해 반혁명분자 및 간첩 적발, 반체제인사 등에 대한 동향 감시, 주요인사 경호 등의 업무를 의미하며 국가안전보위부의 핵심업무이다.

감찰국은 일반 범죄사범(살인, 강도, 강간, 절도 등)과 국가기관 및 협동기업체의 경제사범을 수사한다. 구체적으로 포고령 내용 전파 및 이행상태 감독, 보안원 비리 조사, 각종 그루빠 지도 및 감독, 산하 도 보안국에 대한 감찰업무 지도 및 감독, 민간범죄정보 수집 및 분석, 범죄사건 조사 후 예심국 인계 등의 업무를 담당한다. 또 감찰국은 산하에 특수기동순찰대를 운영하고 있다. 특수기동순찰대는 집단사건(폭동, 주민반란 등)에 대한 대응 및 진압을 위해 1992년에 창설되었다. 수사국은 산하 도 보안국을 지휘하고 범죄자 체포, 수사업무(현장검증 · 지문대조 · 혈액감정 · 필적감정 등)를 담당한다. 작전국은 산하 도 보안국 작전 업무를 조정 · 통제하고 반항공(대공)업무 주관 및 지도 · 감독을 담당한다. 예심국은 형사피의사건 예비 조사, 미제사건 수사 및 범죄자 체포, 감찰수사단계에서 체포된 용의자에 대한 수사진행, 검찰소 송치, 재판에 의한 형 확정시기까지 구류장 운영 · 감독 등을 담당한다. 교화국은 복역자에 대한 교정업무를 담당한다. 그리고 일반 형사범 수감시설(교화소, 노동단련대, 노동교양소, 집결소 등)과 정치범 수감시설(18호 관리소)에 대한 각종 관리업무를 수행한다.

호안국은 화재 등 소방활동 통제, 각종 사건 · 사고 예방 활동, 위생관리 등을 담당한다. 그리고 차량운행 질서 유지, 교통초소 운영감독, 운전면허 심사, 차량번호 부여 등 교통과 관련된 업무도 취급한다. 경비훈련국은 중요시설(노동당 청사 및 연락소, 평양시 주요건물, 외국대사관, 철교, 터널 등) 경비, 주요 간부 거주지 경비, 인민보안부 산하 기업체 경비, 인민보안부 본부에 대한 훈련 지도 등의 업무를 담당한다. 주민등록국은 신분 등록(출생, 사망, 결혼신고 등), 인구 조사, 공민증 발급 및 거주이전 시 퇴거증 발급 등의 업무를 수행한다. 그리고 산하 보안국 및 보안부에서 수행하는 주민성분분류, 주민거주 및 이동통제 등의 업무를 감독하고 도 보안국에서 요청하는 주민신상자료에 대해 답신하며 평양거주 승인번호를 부여한다. 또 북한 주민 전체에 대한 주민등록문건을 보관 · 관리한다.

병기국은 무기와 탄약의 보관 · 관리 · 검열, 사격장 및 훈련장 관리, 무기관리소, 무기수리소, 권총공장(64호 공장) 등을 운영하며 산하 도 보안국 병기업무를 지도 · 감독한다. 통신국은 조직의 유 · 무선 통신관련 업무, 이상 전파탐지 및 추적, 산하 도 보안국 통신업무 지도 · 감독 등을 담당한다. 통신국내에는 유선처, 무선처, 전파탐지소 등의 부서가 편제되어 있다. 재정국은 조직 예산 수립 및 집행, 각종 기술자재 구입, 산하 도 보안국 재정업무를 지도 · 감독한다. 후방국은 인민보안부 각 부서에 대한 각종 물품(식품, 의류, 근무화 등) 보급 및 산하 도 보안국 후방업무를 지도 · 감독한다. 후방국내에는 양식과, 피복과, 부업과 등이 편제되어 있으며, 피복공장, 신발공장, 부업농장, 수산사업소, 물품창고 등을 운영한다. 건설국은 조직의 각종 건물(청사, 관사 등) 건설 · 수리 · 관리 등을 담당한다. 건설국내에는 건물관리처가 편제되어 있으며, 시멘트공장, 건설자재공장 등을 운영하고 있다. 자재관리국은 인민보안부가 담당하는 각종 자재 및 건설물품 등에 대한 총괄 관리를 담당한다. 금강관리국은 수출입 등을 통해 인민보안부의 외화벌이사업을 수행한다. 조직 운영에 필요한 각종 물품 수입, 산하 시 · 도 보안국 외화벌이사업 지도 · 감독을 담당한다. 금강관리국내에는 대열처, 원천동원처, 수출입처, 재정처, 후방처가 편제되어 있으며 무역회사 등을 운영하고 있다. 자재관리국에는 많은 노동자(사민)들이 소속되어 있는 것이 특징이다. 산업감찰국은 공장기업소, 협동농장 등 경제 분야에 대한 업무 수행을 감독하고 경제 현행범 조사 후 예심국 인계 등을 담당한다. 종합지휘국(종합지휘실)은 인민보안부 산하기관의 각종 상황보고를 취합하고 정리한다. 총무국은 인민보안부의 각종 행정 및 서무업무를 국가기요문서국에서는 국가보안문서 보관 및 관리를 각각 담당한다. 산업감찰국은 공장기업소, 협동농장 등 경제 분야에 대한 업무 수행을 감독하고 경제 현행범 조사 후 예심국 인계 등을 담당한다.

철도보안국은 철도관련 안전분야를 담당한다. 평양을 비롯하여 각 지방(평남, 평북, 황남, 황북, 함남, 함북, 강원, 양강, 자강)에 지역철도보안국을 운영하고 있다. 지하철도관리국은 평양시에 있는 지하철 관리 및 운영, 지하철 관련 안전분야를 담당한다. 그리고 지하철도 시설을 반항공업무 등 전시인원대피시설로 연계해서 활용하고 있다. 공병총국은 주석궁, 수령 별장, 광산 등 주요시설물 건설, 도로총국은 주요 고속도로, 교량, 수령 하명시설 건설을 각각 담당하는 독립 공병부대이다. 공병총국과 도로총국은 담당 업무에 대해 수령과 중앙당 재정경리부의 지시를 직접 받는다. 중앙기관보안부는 인민보안부 직할 보안부로 노동당, 내각 등 북한의 중요 기관과 부서에 근무하는 간부 및 직원들에 대한 보안사업을 담당한다. 중앙기관보안부는 수령과 중앙당의 직접 지시를 받아 임무를 수행하기 때문에 강력한 권한을 보유하고 있다. 산하에 인민위원회 보안부, 내각 보안부, 외무부 보안부, 대사관 보안부, 과학원 보안부, 제2자연과학원보안부, 김일성종합대학 보안부, 창광보안부, 8호 보안부 등이 있다.

외사처는 해외주재 외국공관에 대한 보안사업과 해외에 거주하는 자국민에 대한 감시 업무 등을 담당한다. 교육처는 인민보안부 소속 교육기관들을 관장하며 교육분야를 지도 및 감독한다. 관할 교육기관으로는 김정일인민보안대학, 김정일인민보안대학 분교, 김정일인민보안대학 강습소, 각도 보안국 정치학교, 공병대학, 공병군관학교, 군의학교 등이 있다.

인민보안부 보안원들은 북한군 군인들과 계급체계가 같다. 군복도 동일하며 견장만 상이하다. 인민보안부의 직책구조는 〈표 3〉과 같다. 기관장인 인민보안부장은 대장(차수)이고, 부부장은 중장~상장급이 담당한다. 핵심 부서인 정치국의 국장은 상장~대장급, 부국장은 중장~상장급이 각각 담당한다. 참모 부서인 각 국의 국장은 소장~중장급, 부국장은 대좌급이 각각 담당한다. 인민보안부의 인원은 약 28만여명으로 추정된다. 세부적인 인원규모는 일반보안원 8만여명, 조선인민내무군 13만여명, 일반노동자(사민) 7만여명으로 구성되어 있다.

〈표 3〉 **인민보안부의 본부직책구조**

부서	직급	군사 칭호
지휘부	부장	대장(차수)
	부부장	중장-상장
정치국	정치국장	상장-대장
	정치부국장	중장-상장
국	국장	소장-중장
	부국장	대좌
과	과장	상좌
	책임지도원	중좌
	지도원	소좌

자료 : 전현준(2003) 내용을 바탕으로 재구성, p. 33.

<표 4> 인민보안부의 인원 규모

구 분		인 원
총 계		28만명
일반 보안원		8만명
조선인민내무군	7총국	8만명
	8총국	4만명
	경비훈련국 및 기타부서 소속	1만명
	계	13만명
일반 노동자(사민)		7만명

자료 : 신현기(2002); 전현준(2003); 최응렬(2012) 재정리.

2. 지방 조직

인민보안부의 지방조직은 북한 행정구역 단위마다 설치되어 있다. 직할시와 도 단위에 보안국, 시 · 군 · 구역 단위에는 보안서, 리 · 동 단위에는 분주소를 설치하여 운영하고 있다.

지방보안국은 3개 직할시(평양, 개성, 남포), 9개 도(평남, 평북, 황남, 황북, 함남, 함북, 강원, 양강, 자강), 그리고 평양시 철도인민보안국으로 총 13개가 운영되고 있다. 직할시와 도 보안국은 우리의 지방경찰청에 해당한다. 시 · 군 · 구역 단위의 보안서는 약 200여개, 리 · 동 단위의 분주소는 약 4,000여개가 운영되고 있다. 그리고 행정구역 단위뿐만 아니라 비공개 지역(공장, 항만, 군 시설 등)과 기관을 담당하는 보안서도 상당수 존재한다.

평양직할시 보안국의 인원은 약 2만 3천여명 이상으로 추정되며, 보안국 중에서 가장 규모가 크다. 지휘부는 보안국장, 정치부장, 부국장(주민등록담당, 후방담당, 교통담당, 행사안전담당 등) 5명으로 구성되어 있다.

편제를 살펴보면 참모조직은 일반감찰처, 경제감찰처, 수사처, 예심처, 호안처, 경비훈련처, 병기처, 후방처, 주민등록처, 외사처, 교통안전처, 종합처, 반항공처, 국토관리처, 2부로 이루어져 있고 직속부서로는 경비대, 기동순찰대, 소방대, 기요연락대, 병원 및 산하 보안서 등으로 구성되어 있다.

도 보안국의 인원은 대략 2천여명~3천여명이다. 지휘부는 보안국장, 정치부장, 부국장 3명으로 구성되어 있다. 편제를 살펴보면 참모조직은 감찰처, 수사처, 예심처, 호안처, 교통처, 통신처, 후방처, 주민등록처, 총무처, 경비훈련처, 반항공처, 2부로 이루어져 있고 산하 조직으로 경비대, 기동순찰대, 정치학교, 병원, 심사소, 전파관리소, 군견훈련소, 화학대, 병기관리소, 지진연구소 등으로 구성되어 있다.

보안서는 각 지방 주요 행정단위마다 설치되어 있고 우리의 경찰서에 해당한다. 보안서의 인원은 보안원 2백여명~5백여명(분주소 보안원 포함), 사민 20여명~50여명으로 이루어져 있다. 보안서의 지휘부는 보안서장, 정치부장, 부부장이다. 보안서의 편제를 살펴보면 감찰과, 수사과, 예심과, 호안과, 교통과, 경리과, 종합과, 반항공과, 주민등록과, 통신과, 총무과, 국토과, 소방대, 산하 분주소 등으로 구성되어 있다. 그렇지만 시·군·구역의 특성에 따라 각 보안서의 편제는 다소 상이하다.

분주소는 북한 주민들과 가장 접점에서 치안업무를 수행하는 단위조직으로 남한의 지구대 또는 파출소에 해당한다. 분주소는 분주소장, 세포비서 겸 부소장, 담당지도원 10여명~20여명으로 구성되어 있다. 분주소 담당 지도원은 책임지역 단위마다 1명 또는 2명이 배치되어 주민생활 관장, 순찰, 수사, 범죄예방을 위한 강연회, 외부인 출입 여부 및 숙박시설 확인 업무 등을 담당한다. 주민등록 지도원은 가구별 가족사항을 조사하고 주민등록 관련 기록 등을 유지한다. 2부 지도원은 여행증명서 발급업무를 담당한다.

제3장

북한경찰의 채용과 교육

1. 보안원 선발과 인사

인민보안부에서 보안원을 선발하는 방식은 크게 다섯 가지 유형으로 구분할 수 있다. 선발 유형을 살펴보면 직급과 성별에 따라 조금씩 다른 특징을 보여주고 있다.

1993년부터 일반 인민보안부 요원들은 사회에서 3~4년 정도 생활경험을 가진 사람들을 하사관으로 모집해 복무 후 제대자 중에서 김정일인민보안대학 또는 군관학교에서 양성토록 하고 있다. 하사관급은 시 또는 군에 있는 보안국(서)에서 각급의 분주소나 집단농장 관리위원회 등을 돌며 우수자원을 물색하고 소속 직장 당 위원회의 추천을 받아 시(군) 보안국(서)의 심사를 통과한 후에 도 안전국에 임용을 상신하고 도 안전국장의 비준을 거쳐 소정의 교육을 수료한 후에 하사관으로 임용된다. 군관급은 북한의 각 도에 있는 정치대학에서 적격자를 선발해 군관양성 교육을 거쳐 임용된다. 특히 군관은 노동당의 당성(정치성), 토대(출신성분, 사회성분), 능력 및 전문성 등을 심사한 후 선발된다. 여자 보안원으로 임용되기 위해서는 무엇보다 출신성분이 좋아야 한다. 또 신체 조건으로 신장은 158cm 이상이어야 하고 용모도 단정해야 한다. 여자는 매년 약 20~30여명 정도를 특별 선발하여 김정일인민보안대학에서 3년간 교육과정을 이수한 후 중위로 임관된다. 병사급 · 전사급의 경우는 안전국에서 약 1개월가량 김일성 · 김정일 교시, 감찰사업, 호안사업, 호위경비, 일반경비, 범죄수사와 방법, 병기학, 격술, 사격술 등의 교육을 이수한 후 발령을 받는다.

〈표 5〉에서 인민보안부의 계급별 승진 소요기간을 단계적으로 보여 주고 있다. 우선 진급대상자에 대한 군사칭호 내신서를 작성해 노동당 위원회에 올리고 진급심사를 거쳐 상급부서에 군사 칭호 내신자 명단을 상신하게 되면 비준결정 후에 승진 명령이 난다. 하사관급의 경우는 시(군) 안전국에 상신하여 도(직할시) 안전국 당집행위원회에서 최종결정을 내린다. 반면 군관급의 경우는 도(직할시) 안전국장의 상신으로 인민보안부 당집행위원회에서 비준 및 결정된다. 특히 상좌급 이상은 인민보안부에서 심사하여, 당 중앙위원회 군사부에서 비준 및 결정한다.

〈표 5〉 인민보안부 보안원의 승진소요기간

구 분	기 간	기 타
상등병~특무상사	6개월	대위 이하는 진급 후 직책변동이 없지만 소좌부터는 시(군) 안전부 간부지도원(과장) 및 분주소장급의 직책이 부여된다.
소위~대위	2년	
소 좌	3년	
중 좌	4년	
대 좌	5년	
대좌 이상	소요기간 없음	

자료 : 신현기(2002), p. 157.

2. 교육기관

북한의 김정일인민보안대학은 남한의 경찰대학에 해당하는 교육기관으로서 북한의 경찰간부 및 특수기관의 간부요원들을 교육하고 양성하는 일종의 사관학교 성격을 띄고 있다. 인민보안부에서 고위간부로 성장하기 위해서는 인민보안대학에서 교육을 받고 졸업을 해야만 가능하다. 인민보안대학의 전체 정원은 약 3천여명이다.

아래 〈표 6〉에서 보듯 인민보안대학의 커리큘럼은 비교적 다양하게 구성되어 있다. 그리고 인민보안대학에서 주축을 이루고 있는 과정은 바로 4년제 대학반인데, 입학조건이 다소 특이하다. 북한의 인민군, 인민보안부, 국가안전보위부 소속으로 군복무를 하면서 하사관 복무 경력이 있어야 지원을 할 수 있다. 또한 입학 연령은 30세 전후로 엄격히 제한된다. 학생들이 졸업을 하면 인민보안부, 국가안전보위부, 인민무력부 현역 군관(남한의 중위에 해당)으로 임관된다. 특히 김정일인민보안대학은 국가안전보위부 정치대학(평양기술대학)보다 북한사회에서 더 선호된다. 왜냐하면 인민보안대학에는 다양한 전공과목들이 개설되어 있기 때문이다. 대표적인 과목이 일반감찰, 경제감찰, 호안, 교통 등이다. 이러한 이유로 인민보안대학은 국가안전보위부 정치대학보다 지원자들에게 더 많은 관심을 받고 있다.

〈표 6〉 김정일인민보안대학 개설 과목

기본 과목	전공 과목	4년제 대학반
· 혁명역사 · 김일성/김정일 노작 (1 · 2) · 인민보안정책	· 감찰 · 수사 · 예심 · 주민등록 · 민간 반 항공 · 병기 · 후방 · 통신 · 운수 · 교통 · 호안 · 범죄심리 · 사건처리 · 현장검식 · 법률(민법, 형사소송법, 가족법 등) · 태권도 · 사격 · 운전	· 외국어 · 일반과목 (물리학, 수학, 전기과목 등) · 행군

자료 : 신현기(2002), p. 157.

김정일인민보안대학 입학은 매우 힘든 것으로 알려져 있다. 왜냐하면 인민보안부의 고위간부로 진급할 수 있는 기회가 주어지기 때문이다. 예를 들어 인민군의 경우 현역군인 중에서 입학추천을 받아 군관학교에 입학하게 되는데 군대의 1개 중대에서 단지 한두명 정도만 추천이 가능하다. 그러나 김정일인민보안대학은 군관학교 추천입학보다 훨씬 어렵다. 특히 사회주의 국가에서 중시하는 요소 중의 하나가 토대(출신성분)이다. 즉 노동당 당원 및 간부, 인민군 간부가 되기 위해서는 출신성분이 좋아야 하는데, 인민보안대학의 경우 8촌까지 신원조사과정에서 아무 문제가 없다는 점이 확인되어야만 합격할 수 있다. 인민보안대학에 설치되어 있는 대학반, 전문반, 재직반의 재학생들은 모두 의무적으로 기숙사 생활을 한다.

〈표 6〉에서 나타난 것처럼 인민보안대학의 기본과목으로는 혁명의 역사, 김일성/김정일 노작, 인민보안정책 등이 개설되어 있다. 전공과목으로는 감찰, 수사, 예심, 주민등록, 민간 반항공, 병기, 후방, 통신, 운수, 교통, 호안, 범죄심리, 사건처리, 현장검식, 법률, 태권도, 사격, 운전 등이 다양하게 개설되어 운영되고 있다. 4년제 대학반의 경우는 외국어와 일반과목 중 물리학, 수학, 전기과목이 추가로 개설되어 있다.

인민보안대학의 학제는 4년제 대학반, 3년제 대학반, 2년제 대학반, 6개월 재직반으로 4가지 유형이 있다. 그리고 여성을 위한 3년 과정의 특설반도 운영하고 있다. 특설반은 총 80여명이며 각 학년은 약 25명 정도로 구성되어 있다. 여성이 3년제 여성특설반에 입학하기 위해서는 현역하사관신분이거나 또는 전문학교 졸업 이상의 학력을 소지하여야 하며, 신장 158cm 이상의 신체조건 등을 구비해야 한다. 여성특설반에서는 일반적으로 운전, 태권도, 사격, 교통 분야를 공부하며 졸업후에는 주민등록, 수사, 검찰, 교통지휘대, 호안분야(재해, 사고예방과 처리 등) 등에 배치되어 근무한다. 여성보안원들은 결혼 후에도 근무가 가능하다. 그리고 인민보안대학은 후방간부학교로 알려진 3년제 분교와 2년제 강습소도 함께 운영하고 있다.

제4장

북한경찰의 특성

노동당 선전선동부는 김일성 가계에 의한 독재 정권 유지를 위해 북한 주민들에 대한 의식화 사업을 수행한다. 의식화 사업을 통해서 북한 주민들은 수령 및 노동당 노선을 받아들이고 복종한다.

한편 노동당 선전선동부에 의한 김씨 가계 우상화 작업 등은 1차적인 의식화 단계이다. 그리고 행정기관 및 여러 조직들을 통해 이루어지는 다양한 이념적 · 사회적 사업들은 2차적 의식화단계라고 본 연구에서는 개념화하고자 한다. 즉 인민보안부가 담당하는 정치사상 사업, 주민요해 사업, 교화 사업 등을 의식화사업으로 넓게 범주화하여 치안유지 사업 등과는 구분하고자 한다. 인민보안부의 이러한 의식화 사업이 북한 주민들에게 이데올로기적 통제기제로 작용하는 것이다.

인민보안부는 강제적 통제 기제뿐만 아니라 다양한 이데올로기적 통제 기제들을 통해 북한 주민들을 통제하고 있다. 정치사상 사업, 주민 요해

사업, 교화 사업 등이 대표적인 이데올로기적 통제기제들이다. 인민보안부는 지속적인 의식화사업을 통해 수령과 주민들에게서 통제의 정당성을 확보하고 있다. 즉 효과적인 통제를 위해 강제적 통제 기제와 설득적 통제 기제를 모두 중요하게 병행하고 있다.

과거 소련도 강제노동수용소 등 교화시설을 운영했고 동독도 많은 주요 인사들에 대해 방대한 문서관리를 실시했다. 그러나 북한은 운영 규모, 형태 등이 과거 사회주의 국가들보다 보다 높은 수준에서 강도 높게 의식화사업을 시행하고 있다.

인민군 총정치국 및 보위사령부는 주로 군인들을 상대로 정치사상 사업을 실시한다. 그리고 국가안전보위부는 정치범 등 반체제인사들을 대상으로 교화 사업 등을 집행한다. 반면 인민보안부는 북한 주민들과 가장 가까운 위치에서 대부분의 주민들을 대상으로 주민요해 사업, 교화 사업 등을 다양하게 수행하고 있다. 따라서 북한 공안기관들 중에서 대다수의 주민들에게 통제의 정당성을 인식시키는 의식화사업은 인민보안부가 담당하고 있다고 할 수 있다.

1. 정치적 업무

인민보안부는 냉전시대 공산주의 경찰의 특성인 정치사상 사업을 수행한다. 일반적으로 사회주의권에서 말하는 정치사상 사업이란 공산혁명의 목적, 의의, 업적 그리고 수행방법 등을 공산당원과 주민들에게 주입시켜 소위 혁명과업을 원만히 수행할 수 있도록 조직 · 동원하는 사업이다. 북한은 정치사상 사업을 "간부들과 당원들과 군중을 하나의 사상의지로 무장시켜 당과 수령의 두리에 묶어세우며 그들을 당 정책관철에로 불러 일으키는 조직정치사업"이라고 규정한다. 즉 정치사상 사업이란 북한주민들을 수령과 노동당 노선에 복종, 순응토록 하는 대표적인 의식화 사업의 일환이라고 볼 수 있다. 정치사상 사업은 인민보안부 정치국에서 총괄하며, 직할시 · 도의 경우 해당 보안국 정치부, 시 · 군의 경우 해당 보안부 정치부에서 담당한다. 정치국(부)은 인민보안부 내에서 당사업을 전담하는 독립조직으로 인민보안부장의 지휘를 받지 않고 조선노동당 중앙위원회의 지시를 받는 인민보안부에서 가장 막강한 부서이다. 정치국(부)에서 수행하는 정치사상 사업의 주요 내용으로는 수령옹호보위 및 조선혁명전통(김일성, 김정일 부자 업적) 교양, 당정책 선전 · 선동, 공산주의 교양 등이다. 이를 위해 인민보안부 산하 단위별로 생활총화, 정치학습, 강연회 등이 다양하게 실시되고 있다.

인민보안부는 중앙집권적 지휘체계 유지를 위해 전국 각 지역단위까지 분주소를 운영하고 있다. 분주소 산하에는 각 동(마을)마다 주재원을 근무시켜 주민들을 감시한다. 그리고 20세대에서 30세대단위로 인민반장을 임명하여 주민들을 철저히 통제한다. 또 인민반장뿐만 아니라 세대주반장, 위생반장, 선동원(인민반 당 분조장 겸임) 등도 인민반에서 주민들을 중첩적으로 감시하고 통제한다. 인민반은 생활총화 등을 통해 노력동원, 청소동원, 안전사고 방지 뿐만 아니라 주민들의 일상생활 등도 통제대상으로 하여 상호간에 자아비판 등을 하게 한다. 인민반장은 매일 주재관에게 특이사항을 보고하고 기록을 유지하며, 주재관은 인민보안소장(분소장)에게 보고하고 중요내용은 즉시 인민보안부 중앙기관 및 노동당에 보고되는 시스템이 구축되어 있다.

한편 인민보안부는 선전부 산하에 김일성혁명사상연구실, 김정일화 온실, 사적지 관리소, 선물사적관, 미술창작사, 문예창작사, 도서실, 출판물보급소, 조선인민내무군협주단, 기동예술 선전대 등을 직접 운영하며 의식화 사업을 적극적으로 펼치고 있다. 김일성혁명사상연구실에서는 조선혁명의 시조라는 김일성의 사상 즉 김일성주의를 연구하며, 김정일화 온실에서는 '김정일화'를 재배 · 연구하고 김정일 생일 축하기간동안 인민보안부는 기념전시회를 개최했다. 사적지 관리소에서는 김일성 · 김정일 동상 등 각종 혁명사적지를 관리 및 운영한다. 선물사적관에서는 최고지도자가 해외국가들로부터 받은 각종 선물을 전시 및 관리한다. 미술창작사는 수령과 노동당정책에 관한 사항을 미술작품 창작을 통해 홍보하며 문예창작사는 문학, 음악, 영화, 외국 도서 번역 등 각종 문예관련 창작, 출판활동을 시행하며 출판물보급소는 각종 선동 및 강연자료 등 관련 출판물을 제작 및 배포한다. 조선인민내무군협주단과 기동예술 선전대에서는 각종 공연 등을 통한 정치사상 사업을 수행한다.

2. 주민등록 업무

주민 요해사업이란 17세 이상 북한 주민들의 사회정치적 배경(성분, 출생, 학력, 종교, 상벌관계 등)과 가족친척관계 등을 파악하여 관리하는 사업으로 일반적으로 주민등록사업이라고 한다. 주민요해사업은 크게 주민등록업무와 공민등록업무로 구분된다. 주민등록업무는 성분 분류조사, 공민증 대장 관리 · 유지, 거주지 변동사항 기록관리 등이며, 공민등록업무는 공민증 발급, 주민거주지 변동사항에 대해 주민등록 담당에 이관, 출생 · 사망신고 처리 등이다. 주민요해사업은 인민보안부 주민등록국에서 관할하며 직할시 · 도의 경우 해당 보안국 주민등록처, 시 · 군 보안부의 경우 주민등록과에서 담당한다. 주민 요해사업은 인민보안부가 수행하는 일상적인 업무지만 이를 통해 통제활동의 기본 자료가 구축된다고 볼 수 있다. 즉 주민 요해사업을 통해서 북한 주민들의 계층, 성분 등이 분류되고 이를 바탕으로 각종 통제와 평가들이 계속 이루어진다.

북한은 중앙당 집중지도 사업(1958년 12월~1960년 12월)을 통해 전 주민을 대상으로 한 성분조사사업을 전개하였으며 지금까지 해당 사업을 계속 지속해 오고 있다.

북한에서 성분이란 북한주민들을 통치하기 용이하도록 사회적 계층에 따라 구분하여 만든 일종의 신분제도를 의미한다. 성분은 출신성분과 사회성분으로 구분된다. 출신성분은 태어날 때 가정이 처한 사회계층적 관계에 따라서 구분되는 것으로 부모의 성분에 영향을 받아 규정되며, 사회성분은 본인이 직접 사회생활을 시작한 이후 직업 및 사회계층적 관계에 의하여 규정되는 성분을 의미한다. 예를 들어 노동당 당원의 경우, 입당할 때의 성분이 사회성분이 된다. 출신성분은 일제강점기를 포함하여 과거의 성분과 연관되기 때문에 혁명가, 노동자, 고농, 중농, 빈농, 부농, 학생, 사무원, 지주 등 다양한 반면 사회성분은 군인, 노동자, 농민, 사무원, 학생 등 5개로 정해져 있다. 북한에서 성분조사사업의 목적은 북한주민 전체에 대해 가족의 계급적 배경과 사회적 활동을 조사함으로써 정치성향을 파악하고 효과적으로 관리·통제하기 위한 것으로 볼 수 있으며, 주민들로 하여금 상층계층으로의 이동을 위한 끊임없는 충성과 복종을 유도하고 있는 것이다. 북한 주민들은 일반적으로 자신들이 어떤 부류에 속해 있는 지를 짐작하고 있지만 구체적으로 확인해 볼 권리가 없고 그렇게 할 수 있는 절차도 없다. 인민보안부, 국가안전보위부, 노동당에서만 주민들의 소속 부류를 알고 있으며, 인민보안부는 주민들의 부류를 일정 시기마다 조정한다.

북한은 1964년부터 1967년간 전국 규모의 주민재등록사업을 실시하고 이를 토대로 1971년 말까지 전 주민을 3개층 51개 부류로 분류하였는데 이 분류가 북한식 계층구조의 골격이다. 3개층 51개 부류는 북한 주민을 출신성분과 당성(정치성)이라는 기준에 따라 분류한 것으로 각각의 소집단은 의식주 배급에서부터 직업 배치, 교육 기회, 사회 이동 및 법적 처벌, 의료서비스, 여행허가증 획득 등 사회생활의 모든 영역에서 대우가 달라진다. 북한 주민의 성분 분류 및 대우는 〈표 7〉과 같다.

〈표 7〉 **북한주민 성분 분류 및 대우**

계 층	51개 부류	대 우
핵심계층 (핵심군중) 28%	노동자, 머슴, 빈농, 노동당원, 혁명유가족, 애국열사 유가족, 8·15이후 양성된 인테리, 전사자 가족, 후방 가족, 영예 군인 등	당·정·군 간부로 등용 타 계층과 분리 특혜 조치(진학, 배급, 거주, 진료 등)
동요계층 (기본군중) 45%	소·중상인, 수공업인, 소공장주, 하층접객업자, 중농, 민족자본가, 귀환인, 인테리, 접대부 및 미신숭배자, 유학자 및 지방 유지	각종 하급간부 및 기술자 진출, 충성심에 따라 극소수 핵심계층 승격
적대계층 (복잡군중) 27%	부농, 지주, 친일·친미주의자, 반동관료, 종교신자, 입북자, 출당자, 해고자, 간첩관계자, 반당종파분자, 정치범, 자본가, 월남자 가족 등	중노동종사, 진학·입당 봉쇄, 탄압 제재, 감시포섭 대상, 강제이주 격리수용, 감시교양, 극소수 동요계층 재분류

3. 교정 업무

북한에서 교정업무는 인민보안부와 국가안전보위부로 이원화되어 있다. 인민보안부는 강력범, 경제범 등 일반범죄자들을 대상으로 교정업무를 담당하고, 국가안전보위부는 반국가 및 반민족범죄자들 이른바 정치범들을 대상으로 교정업무를 담당한다. 교정업무는 인민보안부 교화국에서 담당하며, 수용시설로는 교화소, 노동단련대, 집결소, 관리소 등을 직접 운영한다. 인민보안부가 운영하는 교화시설 현황은 〈표 8〉과 같다.

교화소는 우리나라의 교도소와 같은 형태의 감옥이며, 인민보안부가 관리하는 구금시설 가운데 형량이 무거운 사람들을 수용하는 곳이다. 재판소에서 사형 또는 무기노동교화형(15년 이상의 형)·유기노동교화형(1년~15년)을 선고받은 범죄자를 수용하며 대략 도 단위로 1개소가 설치되어 있다.

노동단련대는 1990년경에 '간단한 경범죄에 대해서는 군에서 자체적으로 교양시킬 데 대하여'라는 김정일의 방침에 따라 시·군마다 설치되어 있는 교화시설이다. 주로 절도범, 집단생활 이탈자 등이 수용되는 시설로 500~2,500여명 정도의 수용능력을 갖추고 있는 것으로 알려져 있다. 노동단련대는 처음에는 '교양대'라는 비상설 조직으로 운영되었으나 노동단련대라는 상설조직으로 변경되었다. 노동단련대는 군 보안서 감찰과 보안원 1명, 군당 3대혁명소조부 지도원 1명, 군 청년동맹 불량청소년 지도원 1명, 노동단련대 대장, 대열지도원 1명, 후방일꾼 1명 등으로 조직되어 있다.

집결소는 여행구역 이탈자, 여행기일 경과자, 부랑아, 사건 계류자 및 탈북자들을 조사하고 수감한 다음 수감자들의 거주지로 보내는 교화시설이다. 도마다 도 보안국 관할의 집결소를 운영하고 있다. 수감 대상자는 교화소에 보내기에는 죄질이 경미하고, 노동단련대로 보내기에는 죄질이 무거운 위반자들이다.

관리소는 정치범수용소로 국가안전보위부에서 운영한다. 정치범수용소에는 김일성 가계의 정적, 체제 비판자 등 정치사상범들이 대부분 수감되어 있다. 한편 인민보안부도 정치범수용소인 제18호 관리소를 운영하고 있다. 제18호 관리소는 약 5만여명이 수용된 탄광노역장으로 평안남도 북창군 득장리 대동강변에 위치하고 있다. 18호 관리소에는 과거 지주 출신, 6·25전쟁시 국군·미군 협조자 및 치안활동자, 반음모사건 연관자,

최고지도자들과 경쟁 관계에 있는 곁가지, 당 고위간부들 중 경제사범 등이 주로 수감되어 있다.

인민보안부가 운영하는 관리소는 운영 형태에서 국가안전보위부와 다소 차이가 있다. 가족 거주가 가능하도록 한 가구당 한 칸으로 된 주택이 제공되고 자식들에게는 중학교 과정까지 교육이 제공되며 수용소의 허락을 받아 결혼과 출산이 가능하다. 또한 관리소 내에 상점 운영, 일정한 노임 지급, 방송 시청, 노동신문 열람 등이 가능하다. 그리고 과거 지주나 치안대 활동을 했던 가족들 중 모범수감자들을 노동에서 해제시켜 해제민 구역으로 장소를 변경한다. 변경 시기는 수령 생일 등을 기념하여 연간 한두명 정도 이루어지며, 해제민 구역에서는 외부와의 소통이 가능하도록 조치된다. 한편 18호 관리소에서는 혁명화 작업반도 별도로 운영하고 있다. 혁명화작업반에는 노동당, 인민보안부, 국가안전보위부, 행정기관의 고위 간부들이 잘못을 저질렀을 때 수감된다. 이들은 일정기간 노동 등을 하며 수감생활을 하다가 소위 의식이 혁명화되었다고 판정을 받으면 출소가 가능하다. 혁명화 작업반에는 황장엽 비서의 배우자와 자식을 제외한 일가친척, 김용순 비서, 강선산 총리의 친족인 강명도, 월북 무용가 최승희 등이 일정기간 수감생활을 했다.

이와 같은 수용시설에서는 농장, 과수원, 탄광, 목장 등을 운영하며 노동을 통한 교화보다는 생산량 확대에 중점을 두고 수감자들에게 중노동을 부과하여 단위생산량이 일반사회보다 훨씬 높다. 인민보안부의 교화시설은 여건이 매우 열악하며, 복역기간이 정해져 있다는 점을 제외하고는 국가안전보위부가 운영하는 정치범수용소처럼 많은 인권유린행위들이 자행되는 것으로 알려져 있다.

〈표 8〉 인민보안부의 교화시설 현황

<table>
<tr><th>구 분</th><th>위치 / 명칭</th><th>대 상</th></tr>
<tr><td rowspan="10">교화소
(10개소)</td><td>평안남도 개천(제1교화소)</td><td rowspan="10">강력범(살인, 강도, 강간 등)과 경제사범 중 중형(1년이상 15년 미만)을 선고받은 중범죄자를 장기 수용하여 노동훈련을 통해 재교육 실시</td></tr>
<tr><td>함경남도 덕성(경제사범 수용)</td></tr>
<tr><td>평양시 보통강구역(제8교화소)</td></tr>
<tr><td>평안북도 신의주(여성 전용)</td></tr>
<tr><td>평안북도 천마</td></tr>
<tr><td>강원도 천내</td></tr>
<tr><td>강원도 원산</td></tr>
<tr><td>황해북도 사리원</td></tr>
<tr><td>함경북도 정평</td></tr>
<tr><td>양강도 김책(3회이상 탈북자 수용)</td></tr>
<tr><td rowspan="7">노동단련대</td><td>11호 교양소(평남 증산, 여성 전용)</td><td rowspan="7">단순절도범 중 경범죄자 수용 및 노역, 수용기간은 1년이나 경제범죄의 급증으로 단기출소 증가, 교양보다 단순처벌에 집중</td></tr>
<tr><td>22호 교양소(함남 신흥)</td></tr>
<tr><td>33호 교양소(평남 숙천, 청소년범)</td></tr>
<tr><td>55호 교양소(평양 형제산구역)</td></tr>
<tr><td>66호 교양소(평북 동림)</td></tr>
<tr><td>77호 교양소(함북 단천)</td></tr>
<tr><td>88호 교양소(강원 원산)</td></tr>
<tr><td>69호
노동교양소</td><td>시·군 단위별로 1개소 설치</td><td>근무불성실, 단순절도 등 경미한 범죄자로 담당지역 보안부장의 결정과 관할 검찰소의 확인으로 재판없이 3월~1년간 수용 및 노역</td></tr>
<tr><td>관리소
(정치범)</td><td>18호 관리소(평남 북창)</td><td>귀순자, 망명자, 청산계급 분류자 등의 친인척 등 정치범 가족, 상습범 및 거액경제사범 등 수용 및 강제노역(약 5만~6만명 추정)</td></tr>
</table>

제5장

공산주의국가와 경찰

북한경찰론

1. 공산주의국가 경찰의 특성

(1) 공산당에 의한 통제

사회주의 국가의 정부구조는 공산당을 중심으로 한 당 · 국가체제로 구성되었다. 따라서 경찰 조직은 공산당의 강력한 통제를 받고 당의 정책을 집행했다. 즉 치안 유지와 같은 기본 임무보다는 공산당 지배체제 확립 등 공산주의정권 안정에 더 주력했다는 특징을 보였다.

사회주의 국가의 각 나라마다 중앙 집중형태로 경찰조직을 통제했다. 중국 공산당의 치안담당조직으로 중앙정법위원회 및 중앙사회치안종합위원회가 있었다. 동독공산당(SED, 사회주의 통일당)의 경우 공산당중앙위원회의 안전위원회가 경찰 통제를 담당했다.

(2) 준군사 조직

사회주의 국가의 경찰조직은 군대와 유사한 대규모 준군대조직으로 운영되었다. 소련은 100만명이 훨씬 넘는 경찰력을 보유했다. 또 상당한 화력과 장비를 갖춘 군대 총국도 운영했다. 경찰에 대한 공식 명칭이 Police가 아닌 민병대, 무장군 등을 의미하는 militia를 사용했다는 점에서 소련경찰의 의미를 짐작할 수 있다. 경찰계급도 군대의 계급 앞에 경찰이라는 용어를 붙여 그대로 사용했다. 그리고 소련이 해체되고 1992년 러시아경찰대학이 설립되기 전에는 경찰의 고위 간부들은 군사학교 등에서 수학했다.

중국경찰에는 중앙 및 지방 경찰기관과 인민해방군의 중간적 성격을 띠고 있는 치안기관으로 인민무장경찰부대가 있다. 인민무장경찰부대는 중앙에 총부, 각1급 행정구에는 총대를 설치하여 운영하고 있다. 무장경찰부대의 인력 충원은 신규모집 인원뿐만 아니라 구조조정 등으로 감축된 인민해방군인, 제대 군인 등을 통해서도 이루어지고 있다.

(3) 중무장 조직 운영

소련의 경우 내무성 산하에 국내군대총국이 있었다. 국내군대총국은 소련 국내의 공공안전유지 및 죄인 수송 등을 담당했다. 또 내무성은 시설경비를 담당하는 특수민병대도 관할했다. 중국은 공안부 외에 준군대조직으로서 인민무장경찰부대를 운영하며 국가안전보위임무를 부여했다. 인민무장경찰부대는 인민해방군 중앙경호국이라고도 불리우며 남한의 전투경찰대와 유사하다. 동독은 전투단 및 인민경찰기동대를 운영했다. 전투단 및 인민경찰기동대도 상당한 화력과 기동장비를 보유하고 비상사태 등에 대응하는 무장조직부서였다.

공산당 1당 지배가 이루어지는 통제 구조상 체제 안정을 위해 군대와 유사한 무장부서들을 경찰 조직안에 운영하였던 것이다. 특히 소련과 중국은 넓은 영토와 많은 인구로 인해 소요 사태 등에 효과적으로 대응할 필요가 있었을 것으로 보인다. 이들 무장조직은 각종 소요 진압 및 비상 사태 등에 대응하는 중요한 기능을 수행했다.

(4) 다양한 업무 수행

사회주의 국가의 경찰은 경찰의 일반적 임무인 치안 유지뿐만 아니라 매우 다양한 업무들을 수행했다. 소련의 경우 교정 및 노력기관 담당총국은 소련 전역의 교도소 및 강제 노동수용소 등을 관장했다. 중국 경찰은 일반행정분야의 사무를 폭넓게 맡아서 처리할 뿐만 아니라 경미한 형사범을 행정벌로 처벌하는 권한까지도 갖고 있다. 예를 들어 호적, 치안, 형사사법, 변방(출입국 관리), 외사, 교통, 소방, 철도, 항운, 삼림 등의 업무를 수행하고 있다. 동독 경찰은 여권, 주민등록, 철도관련 수송분야, 국경경비 등의 임무를 수행하였다.

사회주의 체제 유지가 경찰의 중요 임무이기 때문에 국민들의 통제와 관련된 많은 부문들을 업무 범위에 포함시켜 경찰조직을 운영한 것으로 보인다. 특히 소련의 경우 정치사상 사업을 위해 교정업무 등도 경찰이 담당하였다.

2. 소련의 경찰

소련은 체카(Cheka: All Russian Extra-ordinary Commission), KGB(국가공안위원회)와 같은 국가공안경찰(비밀경찰)을 통해서 국민들을 강력하게 통제했다. 체카는 KGB의 전신이며, 스탈린 독재와 같은 전체주의 체제를 유지하기 위해 폭력적 경찰통제시스템에 의해 운영되었다. 비밀경찰은 반체제 정당 및 단체, 체제 비판 지식인, 언론 등을 철저하게 감시하고 탄압했다. 특히 정치범, 반체제 인사들에 대해서는 강제 수용 및 노동, 정신병원 강제 입원, 해외 추방 등의 방법을 사용했다.

한편 소련은 스탈린이 사망한 이후 여론의 독점을 이용하여 정치적 설득도 적극적으로 실시했다. 즉 물리력에 의한 강제적 통제뿐만 아니라 국가 주도의 이념적 통제도 병행했다. 이념적 통제는 공산당 선전선동부가 담당했다. 선전선동부는 공식 간행물, 대중 매체(신문, 방송), 강연회 등 다양한 여론 수단을 동원하여 공산당·정부의 이념과 정책을 선전하고 반혁명 요소들을 비판했다. 하지만 소련이 몰락할 때까지 사회 통제의 핵심적인 역할은 국가공안위원회(비밀경찰)가 수행했다. 또 소련은 효과적인 사회통제를 위해 청년공산동맹(콤소몰) 등과 같은 사회조직도 활용했다. 그리고 노동자, 농민, 인텔리겐챠(공업 및 기술분야 엘리트 등)로 구분되는 계층정책을 실시했다. 특히 소련은 공업화 과정에서 인텔리겐챠 계층을 보수 등의 측면에서 우대했다.

소련의 정규경찰조직은 내무성이 관장했다. 소련에서 내무성은 국방부, KGB와 함께 주요 권력기관으로 평가받았다. 내무성은 경찰총국, 교정 및 노력기관담당총국, 국내군대총국의 세국으로 구성되어 있었다. 경찰총국은 형사 범죄의 수사를, 교정 및 노력기관담당총국은 전국의 교도소 및 강제 노동수용소 등을, 국내군대총국은 국내 공안유지 및 수감자 호송 등을 각각 담당했다. 경찰총국 산하 중앙조직은 다양한 부서(행정, 인사, 자산보호, 교통, 공공안전, 조직범죄 및 대테러, 보급지원, 형사, 경제안전, 재정, 법무, 감찰 등)를 운영했다. 지방조직에서 지방관할청 개념의 GVD의 경우 소련연방 구성주체마다 설치되었으며 인원은 3천여명에서 1만여명 규모였다. 광역 경찰서 개념의 YVD의 경우 경찰준장이 서장을 담당했고 수도 모스크바에는 10개가 설치되었고 인원은 1천명에서 2천명 규모였다. 지구대 개념의 OVD의 경우 50명에서 100여명 정도가 근무했고 모스크바에는 약 130여개가 운영되었다. 경찰의 명칭은 Police가 아닌 militia를 사용했고, 경찰법이라는 법령에 근거하여 업무를 집행했다. 경찰 고위 간부들은 군사학교 또는 정치학교 등에서 교육을 받았다. 소련 경찰은 민생안정 및 치안질서를 기본 임무로 했지만, 체제 유지를 위해 공산당의 정책에 충실한 조직이었다.

3. 중국의 경찰

중국 헌법에 "중화인민공화국의 국가기구는 민주집중제의 원칙을 실행한다. 중앙과 지방의 국가기관의 직원은 구분되며 중앙의 통일된 지도에 따라서 지방의 주동성과 적극성의 원칙을 충분히 발휘한다."(3조)고 규정되어 있다. 이 조항에 의해 경찰기관은 '통일된 지도, 분리된 관리, 상급 우선'의 원칙을 준수해야 한다. '통일된 지도'는 모든 공안기관(경찰기관 포함)이 공산당과 정부의 지도를 따르며, 지방 공안기관이 공안부의 통일된 지도를 받는 것을 의미한다. '분리된 관리'는 중앙 또는 지방 경찰기관이 중앙 또는 지방정부의 지도와 관리를 모두 받아야 한다는 것을 뜻한다. '상급 우선'의 원칙은 공안기관이 상급기관과 하급기관의 지시를 동시에 받았을 때, 상급기관의 지시가 보다 큰 구속력을 가진다는 것을 의미한다. 이를 통해 중국 경찰의 체계는 중앙 집권과 지방 분권이 함께 결합되어 있음을 알 수 있다. 중국에서는 국무원 공공안전부가 치안 업무를 포함하여 공안 분야를 담당하며, 정법계통에 포함되어 있다. 공공안전부장은 국무원 총리가 지명하고 전국인민대표대회 및 상무위원회에서 임명한다. 경찰의 조직체계는 최고책임기관인 공안부, 성정부의 공안청, 직할시정부의 공안국, 현(시)정부의 공안국, 그리고 각 산하에 하위 공안청 및 공안부, 공안분국(경찰서), 파출소 등 다양한 공안기관들이 설치되어 운영되고 있다. 중국 공안기관에 근무하는 경찰 인원은 약 백만명 이상으로 추정된다.(자치조직 인원 미포함) 공공안전부는 일반 치안 업무뿐만 아니라 국경방어, 출입국 관리, 호적(주민등록) 관리, 산림 관리, 소방, 교정, 철도, 항공 등 다양한 업무를 수행한다. 특히 무장 경찰은 인민무장 경찰부대를 의미하며 다른 공안기관처럼 공공안전부의 지도와 감독을 받는다. 무장 경찰의 임무는 공산당과 정부기관 등 국가주요시설 보호, 시위와 같은 소요사태 진압 등이다. 중국 경찰은 광범위한 임무 수행과 강한 무장력을 통해서 사회주의 체제를 유지하고 중국 사회를 통제하고 있다. 이는 넓은 국토, 많은 인구, 다양한 민족이라는 중국의 국가 특성과 연관이 있다.

4. 동독의 경찰

과거 동독 사회를 통제하고 지배한 것은 사회주의 통일당(SED, 동독 공산당)과 국가안전부(Stasi, 슈타지)였다. 동독 공산당 정치국은 최고 의결기관으로서 동독 권력의 핵심이었다. 그리고 국가안전부는 사회주의 체제와 공산당 일당 독재를 지키는 안보 기관의 역할을 담당했다. 국가안전부는 10만명 이상의 요원들이 근무하며 사업장, 대학, 교도소, 군, 국경수비대 등에 연락소 또는 연락관 등을 운영했고 동서독 6백만명 이상의 인원들에 대한 방대한 정보를 관리했다. 특히 국가안전부는 공산당의 지시에는 충실했지만 법적 통제는 전혀 받지 않았다.

한편 동독은 자국민들에게 소속감과 집단적 정체성을 확립시키기 위해 대규모 상징적 정치행사 등을 활용했다. 노동절 행사 때 다양한 분야의 대표자들(작업장, 구역, 직종별)이 단체 행진을 하고, 행진 대열은 대부분 공산당 및 국가 고위간부들이 위치한 행사장 중앙 무대를 통과하도록 하는 것 등이 대표적 사례이다.

나치가 멸망하고 1949년 동독 정부가 수립되면서 동독 지역에는 인민경찰이 창설되었다. 인민경찰은 정부 조직과 같이 중앙집권적 국가경찰기구형태를 갖추었다. 1949년부터 1963년까지는 내무부장관과 인민경찰청장이 별도로 임명되었지만 1964년부터는 내무부장관이 인민경찰청장을 겸직했다는 점에서 내무부가 실질적인 경찰조직이었음을 알 수 있다.

동독 경찰의 편제는 수사경찰, 교통경찰, 여권 및 주민등록 경찰, 수송경찰(철도경찰), 소방대, 전투단, 인민경찰기동대 등으로 구성되었다. 경찰서 하부 조직으로는 지구경찰서, 파출소, 공공시설경비소 등이 운영되었다. 동독 경찰의 임무는 치안뿐만 아니라 소방, 수송, 주민등록, 교정 등도 담당할 정도로 광범위했다. 인민경찰은 광범위한 업무를 통해 동독 주민들을 철저히 통제하고 체제를 유지하려 했던 것이다. 또 동독 경찰은 일반 경찰과 별도로 인민경찰기동대도 운영했다. 인민경찰기동대의 인원은 약 20만명이었고, 군대 형태로 조직되어 병영생활을 하며 영토 방어와 시위 진압 등의 임무를 수행했다.

제3부

역대 정권별 경찰의 역할

제1장 김일성 시대 경찰

제2장 김정일 시대 경찰

제3장 김정은 시대 경찰

제4장 법규에 의한 통제

제5장 통제유형 특성

제1장

김일성 시대 경찰

북한경찰론

1. 김일성 통치의 특성

1945년 8월 15일 일본이 연합국에 항복한 이후 소련군은 북위 38도선을 기준으로 한반도 이북 지역을 점령했다. 소련은 북한을 소비에트화하기 위해 김일성과 그가 소속된 88특별여단 출신의 공산주의자들이 공산주의 정권을 수립하도록 적극적으로 지원했다. 북조선 5도행정국(1945년 11월 19일), 중앙확대집행위원회(1945년 12월 17일), 북조선임시인민위원회(1946년 2월 8일), 북조선인민회의(1947년 2월) 등이 소련 군정의 개입 또는 지원 등을 통해 조직되었다. 김일성은 중앙확대집행위원회에서는 조선공산당 북조선분국 책임비서로 선출되었고, 북조선임시인민위원회와 북조선인민회의에서는 위원장을 담당하였다. 특히 5도행정국을 조직한 당일에 김일성은 남포에 있던 보안간부훈련소를 처음으로 현지지도하였다.

1946년 5월 11일 김일성은 보안국 산하에 무장 경찰조직인 보안독립여단(초대여단장 최현)을 발족시켰다. 그는 당시 "보안독립여단은 프롤레타리아 독재기구로서 나라의 안전을 지키고 대내외 원쑤들의 침략을 막아야 한다."고 연설하였는데, 이것이 오늘날 북한 체제를 유지시키는 권력기관인 인민보안부, 국가안전보위부, 호위총국의 활동지침이 되었으며 이를 '5.11 교시'라고 한다.

그리고 1948년 2월 김일성에 의해 조선인민군이 창설되었다. 1948년 9월 정부 수립 후 군부를 관장하는 민족보위성 보위상, 인민군총사령관, 인민군 3개 사단장 모두를 김일성의 빨치산 동료들이 차지하였다. 이처럼 북한 지역이 소련군에 의해 통제되고 관리되는 환경에서 김일성을 내각의 수상으로 하는 조선민주주의인민공화국이 1948년 9월 9일 수립되었다. 북한은 정권수립직후 내무간부(경찰간부요원)를 속성으로 양성하기 위해 내무성산하에 중앙보안간부학교를 창설하였고, 1948년 9월 19일 중앙보안간부학교 제1기 졸업식에서 내각수상인 김일성은 "조국과 인민에게 충직한 내무일군이 되어야 한다."라는 축사를 하며 내무간부들의 사명을 제시하였다.

김일성의 정권 장악 과정을 살펴보면 무엇보다 물리적 강제력을 확보하기 위해 노력하였다는 것을 알 수 있다. 조선인민군 창설 전후에 군대와 치안을 담당하는 모든 조직은 김일성의 빨치산 동료들이 대부분 장악하였다. 이러한 조직 장악을 통해서 김일성과 그의 동료들은 다른 정치세력의 활동에 대한 감시와 통제에 성공할 수 있었다.

또한 김일성은 공안기관 장악을 통해 수많은 정치 반대세력을 숙청하였는데 이 과정에서 많은 공산주의 지도자들이 '간첩죄와 종파주의 세력'이라는 죄목으로 제거되었다. 국가안전보위부의 전신인 정치보위국은 내무성 및 사회안전성에 소속되어 있었지만 실질적으로는 독립기관으로 활동하였으며, 반대파 숙청의 역할을 주로 담당하였다. 당시 정치보위부를 포함하여 북한의 공안기관은 김일성 유일체제 구축을 위한 반대파 숙청에 동원되어 반김일성 세력을 무자비하게 탄압하는 비밀경찰형의 형태를 보였다. 북한의 정치행정체제는 공산독재체제의 유지 강화를 위해 모든 권력을 집중한 체제적 테러(Systemic Terror) 과정이었으며, 북한의 권력구조 변천과정은 김일성 1인 독재체제, 김정일 세습체제를 구축하기 위한 정치적 숙청과정이었다. 요컨대 소련 군정은 북한 점령 이후 단시간에 북한 지역에 공산주의 정권의 통치조직 기반을 구축했을 뿐만 아니라 김일성을 정점으로 하는 권력 구조의 실질적인 기반을 마련하는데 기여하였다.

1956년 인민군 내부의 안전기관은 군사쿠테타 음모를 사전에 적발하였고, 이로 인해 당시 많은 반김일성 인사들이 숙청되었다. 또한 같은 해 북한 권력구조내에서 광범위한 반김일성 연합이 이루어져 8월 당중앙위원회 전원회의에서 부수상인 최창익, 최고인민위원장 김두봉, 상업상 윤공흠 등의 연안파가 김일성을 비판하였다. 그러나 이를 계기로 김일성은 연안파를 모두 검거하고 숙청했는데, 이것이 소위 '8월 종파사건'이다.

'8월 종파사건'을 계기로 김일성은 1956년 말부터 1960년대 초까지 '중앙당 집중지도사업'이라는 명목으로 연안파뿐만 아니라 반김일성 세력을 대대적으로 숙청하였다. '중앙당 집중지도사업'의 총책임자는 김일성의 동생인 조직지도부장 김영주였으며 중앙당 행정부장 및 부부장, 3과장, 내무성 안전국장, 최고검사총장, 기타 중앙당 간부들로 구성되었다.

김일성은 중앙당 집중지도사업을 통하여 북한 주민들을 핵심계층, 중간계층, 적대계층으로 구분하고 숙청된 자와 그 가족을 비롯하여 종교인, 지주, 기업가, 월남자 가족 등을 적대요소로 규정하여 탄압하고 반항자들을 숙청하였다. 중앙당 집중지도에서 출신성분을 조사한 결과 감시해야 할 적대군중으로 판명된 자는 약 320만명 이었다. 북한은 320만명중 6천여명을 군중심판으로 처단하고 약 7만여명을 '내각 결정 제149호'에 따라 격오지로 추방하였다. 그리고 대부분의 적대군중 분류자들은 현 거주지에서 육체노동에 종사토록 하면서 계속 감시하되, 불순요소가 적발될 경우에는 '149호 대상'으로 추방한다는 원칙을 세웠다.

1968년 인민군 안전기관은 군사쿠테타 기도를 사전에 적발하여 민족보위상 김창봉, 인민군 총정치국장 허봉학 등을 숙청하는데 결정적인 역할을 하였다. 그 후 김일성은 인민군 안전기관을 완전히 분리하여 독자적인 반탐기능과 역할을 수행하는 정치안전국을 만들었다.

김일성은 1973년 2월 15일 '사회안전부 산하의 정치보위국을 국가정치보위부로 승격시킬 데 대한 지시'를 내렸고, 5월 국가정치보위부가 사회안전부에서 분리되어 새롭게 창설되었다. 독립기관으로 출범한 국가정치보위부는 정보사업 부문에 근무하던 인원들을 중심으로 중앙에 국가정치보위부, 각 도에 도 정치보위부, 시 · 군에 시 · 군 정치보위부를 조직하였다. 1973년은 김정일이 김일성의 후계자로 내정이 본격적으로 진행되는 시기였으므로 북한 후계체제 구축을 위해 국가정치보위부가 창설된 것으로 보이며, 1972년 남북간 대화가 시작되면서 남북한 접촉이 이루어지는 새로운 정세변화에 적극적으로 대응하기 위한 측면도 작용했을 것으로 판단된다. 김일성은 국가정치보위부를 독립시키면서 국가정치보위부와 사회안전부의 임무와 업무분장을 명확히 구분하였는데 국가정치보위부는 반당, 반혁명 적대분자와 간첩을 검거하는데 주력하고 사회안전부는 사회 치안유지와 일반 범죄와의 투쟁을 강화하라고 지시하였다. 사회안전부는 수사 및 인원동원에 있어 정치보위부 업무 수행에 절대적으로 협조해야 하며 간첩이나 반당 · 반체제 행위자를 검거했을 때에는 즉시 국가정치보위부로 이관토록 하였다. 또 국가안전보위부는 주민 및 국가기관에 대한 정치사찰, 대내외 정보사업, 특별독재대상구역인 관리소 운영 등의 비밀경찰 임무도 담당하게 되었다.

김정일은 1973년 노동당의 조직 및 선동담당 비서로 등용됐고 1974년 2월 김일성의 후계자로 내정되었다. 이러한 김정일 승계체제를 정당화하기 위해 김일성 · 김정일 우상화가 진행되었고 이를 뒷받침하기 위해 국가정치보위부는 김일성부자의 권위와 위신을 훼손 · 손상시키는 사건, 이른바 반동선전선동죄에 대한 사건들을 처리하고 세습체제를 공고히 하기 위해 노력하였다. 당시 김일성은 국가정치보위부를 '수령의 보위대 · 친위대'라는 신임을 주었으며 김씨 가계의 독재체제를 굳건히 하는데 국가정치보위부를 적극적으로 활용하였다.

1977년 12월 5일 최고인민회의 제6기 제1차회의에서 '인민정권을 더욱 강화하자'는 김일성의 연설에 의하여 사회주의법무생활지도위원회가 신설되었다. 사회주의법무생활지도위원회는 범죄의 예방 및 처벌을 위한다는 명분하에 각 행정단위마다 설치되어 있는데 통상 당책임비서, 인민위원장, 인민보안부장, 안전보위부장, 검찰소장 등으로 구성된다. 위원회는 형식적으로는 사회주의 준법교양과 범죄예방에 목적을 두고 있으나 실질적으로는 주민뿐만 아니라 노동당 및 행정기관 간부들을 통제하였다. 요컨대 사회주의 법무생활이라는 미명하에 비상설적인 통제수단까지 동원하여 주민 및 간부들을 효과적으로 통제하겠다는 의도가 내포되어 있다. 사회주의법무생활지도위원회의 구성원들은 평상시에는 개별 기관에서 근무하다가 회의가 소집되는 경우에만 지도위원회에 출석하여 관련 문제들을 집체적으로 토의 및 결정한다.

김정일은 1970년대 세대교체론의 제기를 통해 서서히 노동당내에서 부상하다가 1980년 제6차 당대회에서 공식후계자로 선포되었다. 그리고 김정일은 혁명2세대와 3대혁명 소조 출신들을 중심으로 자신의 지지기반을 구축하였고 주체사상의 이론적 정립작업을 통해 이데올로기적 해석권을 독점하고 자신의 후계자 지위를 굳건히 하고자 노력했다.

국가정치보위부는 1973년에 창설된 이후 김정일 후계 구도를 확립하기 위해 노력하였다. 이 과정에서 보위부장 김병하는 정치보위부의 권한을 강화하고 김일성의 반대파들과 토대가 좋지 않은 사람들을 무자비하게 숙청했다. 국가정치보위부가 무소불위의 권력을 행사하며 노동당 간부들과 주민들의 불만이 누적되자 1980년초 김정일은 당중앙위 조직지도부 특별 그루빠(그룹)를 파견해 정치보위부에 대한 집중 검열을 진행했다. 집중검열과정에서 보위부장 김병하는 자살을 하고 국가정치보위부 구성원들에 대한 대대적인 숙청이 이루어졌다. 이후 김일성과 김정일은 국가정치보위부의 권한을 대폭 축소하였고 노동당의 감독하에서만 업무를 수행할 수 있도록 조직을 재정비하였다.

1982년 사회안전부장을 담당했던 이진수가 국가보위부장으로 임명된 이후에는 김정일이 국가보위부를 직접 장악하고 지시를 내렸다. 특히 1987년 이진수 보위부장이 사망했지만 김정일은 후임 보위부장을 임명하지 않고 계속해서 자신이 국가보위부에 대한 실질적인 권한을 행사했다.

1982년 김정일은 "사회주의법무생활지도위원회의 기능과 역할을 더욱 높여야 한다"고 발표하였는데, 김정일의 교시를 근거로 1977년에 신설된 사회주의법무생활지도위원회는 해당 관할지역 안의 모든 기관, 기업소, 사회협동단체와 공민들의 법무생활을 조직 지도하는 집체적 지도기관으로 승격되고 기능이 강화되었다.

1990년대에 접어들면서 김정일은 군사 부문에 대한 권력을 김일성으로부터 단계적으로 승계했다. 국방위원회 제1부위원장 선출(1990년 4월), 조선인민군 최고사령관 추대(1991년 12월), 원수 칭호 수여(1992년

4월), 국방위원회 위원장 선출(1993년 4월) 등을 통해 김정일은 북한의 무력기관 및 공안기관 등을 실질적으로 장악하게 되었다.

2. 북한정권 수립 전후 변화

1948년 북한에서 조선민주주의인민공화국이 수립 되기 전에는 보안국이 경찰업무를 담당하였다. 해방 이후 1945년 11월 19일 북조선 5도행정국이 발족되었고 5도 행정국 산하에 보안국이 설치되었다. 초대 보안국장은 최용건인데 그는 빨치산파이며 정부 수립 이후에는 군부를 담당하는 민족보위상, 국가부주석 등을 역임했다. 북조선임시인민위원회(1946년 2월)에서도 보안국은 계속 유지되었지만 북조선인민위원회(1947년 2월)에서는 내무국으로 개칭되고 북한 정부 수립(1948년 9월)에 따라 내무국은 내무성으로 승격되었다. 보안국장, 내무국장, 내무상은 연안파인 박일우가 담당했는데, 한국전쟁기간에 그는 조선의용군 및 전선사령부 부사령관까지 역임했지만 1955년에 숙청되었다.

한국전쟁기간동안 인민보안부는 내무성에서 사회안전성(1951년 5월)으로 독립하였다가 다시 내무성(1952년 10월)으로 흡수 통합되었다. 이러한 변동 배경에는 사회안전상과 내무상을 담당하였던 방학세 기관장이 경찰 조직을 계속해서 본인의 영향력하에 두려 했기 때문으로 보인다. 방학세는 소련정보기관 출신의 소련파로서 내무상 퇴임 후에 중앙재판소장 등을 역임했다.

북한은 제3차 내각 개편시(1962년 10월) 다시 사회안전성을 신설하여 빨치산파인 석산이 1968년까지 사회안전상을 담당했고, 1968년부터 1973년까지 호위국 부국장 출신의 김병하가 사회안전상을 담당했다. 특히 이 시기에 국경경비처 및 철도경비처 창설, 분주소 신설, 주민 사찰 강화 등 인민보안부의 업무 영역이 크게 확대되었다. 석산과 김병하가 인민보안부의 조직 확장과 기능 강화에 큰 역할을 했지만 석산은 1969년에 숙청되었고, 김병하는 신설된 국가정치보위부장을 담당한 후 1982년에 자살하였다.

1973년 사회안전부 산하의 정치보위국이 국가정치보위국으로 독립하였다. 당시 사회안전부장이던 김병하가 초대 보위국장으로 자리를 옮기고 이진수가 새롭게 사회안전부장을 담당하게 되었다. 이진수는 1973년부터 1980년까지 사회안전부장을 역임하고 1982년부터는 국가안전보위부장으로 취임하여 1987년 사고사로 사망할 때까지 보위부를 이끌었다. 한편 1976년 12월부터 최원익이 특이하게 1년 동안 사회안전부를 담당했다. 최원익은 퇴임 이후 중앙재판소장, 최고인민회의 법제위원, 강원도 책임비서 등을 역임했다.

1980년 이진수가 기관장에서 물러난 이후 1985년까지 사회안전부장은 임명되지 않았다. 1985년 사회안전부 제1부부장인 백학림이 5월에 대장으로 진급해 10월에 사회안전부장이 되었다. 그는 김일성과 항일유격대 활동을 같이 했던 빨치산파로 1990년 국방위원에 선출되었고 1992년 차수로 승진했다. 김일성이 사망하고 김정일 정권이 출범한 1990년대에도 백학림은 사회안전부장 및 인민보안상 직위를 계속 유지했다. 그러나 그는 명목상으로 기관장직을 유지했지만 1918년생으로 고령인 탓에 실질적으로는 정치국장인 채문덕 대장이 인민보안성을 지휘했던 것으로 알려져 있다.

3. 경찰 지휘구조 변화

김일성은 북한 정부 수립 전부터 물리적 강제력을 장악하기 위해 노력했다. 특히 북한군을 창설할 때 인민군의 주요 직책들을 김일성의 빨치산 동료들이 많이 차지하였다. 그러나 당시에 김일성세력은 경찰 조직에 대해서는 군대처럼 완전히 장악하지 못했다고 분석된다.

북한 정부 수립과 한국 전쟁 기간동안에는 연안파인 박일우가 내무상과 사회안전상을 담당했다. 그리고 한국전쟁 후반부터 1950년대에는 소련파인 방학세가 사회안전성을 이끌었다. 따라서 1940년대와 1950년대에는 치안 권력에 대해 빨치산 출신과 타정치세력에 의한 일정한 분점이 이루어졌다고 보인다.

1956년 8월 김일성은 연안파를 대대적으로 검거 및 숙청했다. 소위 '8월 종파사건'을 계기로 김일성은 1958년 12월부터 1960년 12월까지 '중앙당 집중지도사업'을 실시했다. 중앙당 집중지도사업을 통해 김일성은 연안파 및 소련파뿐만 아니라 반김일성 세력을 대대적으로 숙청하였다.

중앙당 집중지도사업이 마무리된 1960년 11월부터 빨치산 출신의 석산이 사회안전상을 담당하며 사회안전성을 이끌어 갔다. 사회안전성 내부의 연안파 및 소련파 등을 제거하고 친김일성 인원들에 의해 경찰 조직이 운영되기 시작했다. 즉 1960년부터 북한 경찰조직이 김일성 정권을 위한 체제 보위기관으로의 역할을 본격적으로 시작했다고 할 수 있다.

1968년 5월 김병하가 사회안전상에 임명되었다. 김병하는 호위국 부국장 출신으로 김일성의 측근으로 분류되던 인물이었다. 1972년 12월 '조선민주주의인민공화국사회주의헌법'이 새롭게 제정되었다. 새로운 사회주의 헌법 채택으로 내각이 정무원으로 개편되었다. 이에 따라 사회안전성이 사회안전부로 개칭되었고, 국토관리청이 폐지되면서 사회안전부에 흡수되었다.

1973년 김일성의 지시에 의해 사회안전부에서 정치보위국이 분리되어 국가정치보위부가 창설되었다. 북한은 김일성·김정일부자의 권력 승계를 정당화하고 세습체제를 공고히 하기 위해 국가정치보위부를 사회안전부에서 독립시켰다고 보인다. 이에 따라 간첩, 반당·반체제 행위 등에 대한 업무는 국가정치보위부로 이관되었고, 정치범에 대한 수용시설인 관리소 운영 등도 보위부가 담당하게 되었다. 또 사회안전부는 국가정치보위부의 임무 수행에 절대적으로 협조토록 김일성에 의해 업무 분장이 새롭게 설정되었다.

1982년 4월 5일 개최된 최고인민회의 제7기 1차회의시 사회안전부는 정무원 소속에서 노동당 소속으로 변경되었다가, 1986년 12월 29일에 열린 최고인민회의 제8기 1차회의때는 정무원 산하기관으로 다시 환원되었다. 사회안전부 지휘 계통 변화 이유는 경찰기관의 대외이미지를 고려한 형식적 과정이었으며 실질적으로는 노동당의 지휘를 계속 받았다. 그리고 1988년 북한 헌법 수정 및 보충에 따라 사회안전부는 다시 사회안전성으로 개칭되었다.

1992년 4월 북한 사회주의 헌법 수정시 국방위원회가 독립함에 따라 국가안전보위부와 인민무력부가 국방위원회로 소속이 변경되었다. 비록 형식적으로는 사회안전성이 정무원 소속이었지만 실질적으로는 국방위원회의 관리하에 김일성 부자의 지휘를 받았을 것으로 보인다.

1992년 8월 한국과 중국의 국교 수립으로 북한의 대중관계는 악화되었다. 이에 따라 북한은 중국 국경지역을 통한 남한의 대북공작활동 강화에 대비한다는 명목으로 전국적으로 주민 감시, 신고 조직인 군중 감시망을 재정비하고 이러한 감시체계운영을 기존의 사회안전성에서 국가안전보위부가 지휘 통제하도록 변경하였다.

4. 조직 위상 변화

김일성은 북한에서 정부(조선민주주의인민공화국)를 수립하기 전부터 보안기관인 경찰조직을 장악하기 위해 많은 노력을 기울였다. 초대 보안국장과 보안국 산하 무장경찰조직인 보안독립여단장에 빨치산파인 최용건과 최현을 각각 임명했다. 또 정부 수립 후에는 내무간부(경찰간부요원)를 양성하는 중앙보안간부학교 제1기 졸업식에 참석하여 직접 축사를 낭독하며 졸업생들을 격려하였다. 이러한 사례들을 통해 당시 경찰기관에 대한 김일성의 관심과 의지를 알 수 있다. 그리고 이를 통해 김일성은 정부 수립 준비단계에서부터 치안기관 장악에 어느 정도 성공했다. 그리고 이를 토대로 정치적 반대 세력들을 효과적으로 감시하고, 숙청 등의 방법으로 그들을 탄압할 수 있었다.

1960년대 들어오면서 사회안전성이 신설되고 빨치산파인 석산이 사회안전상을 담당하게 되었다. 이때부터 사회안전성은 경찰업무를 중심으로 본격적으로 조직을 확대하고 기능을 강화하기 시작했다. 국경경비처(1966년)와 철도경비처(1967년) 창설, 분주소 신설(1968년) 등이 대표적인 조직 확대 사례들이다. 그리고 이러한 조직 확대를 통해 사회안전부의 주민 감시와 통제가 강화되었다. 특히 김일성과 김정일의 신임을 받던 호위국 출신의 김병하가 1968년 사회안전상에 임명되어 사회안전부의 위상은 계속 강화되었다. 이렇게 강화된 위상은 국가정치보위부가 출범하는 1970년대 초반까지 계속 이어졌다.

1973년 정치보위국이 사회안전부에서 분리되어 국가정치보위부가 신설되었다. 대외적으로는 국제적인 데탕트 분위기에 따른 남북대화의 시작, 대내적으로는 김정일 후계체제 구축 등이 새로운 국가정치보위부 출범에 영향을 주었을 것으로 분석된다. 국가정치보위부가 독립하면서 사회안전부의 위상은 위축되었다.

초대 국가정치보위부장에 김병하 인민보안상이 임명되고, 1970년대에 사회안전부장을 역임했던 이진수가 1980년대에 정치보위부를 이끌었다는 점에서 두 기관의 역학 관계를 잘 알 수 있다. 즉 국가정치보위부가 김일성의 역점 사업인 후계 구도 확립과 관련된 업무를 담당하면서 정치보위부의 위상이 사회안전부보다 높아졌던 것이다.

인민보안부의 위상 약화는 1980년대에도 계속 이어졌다. 국가보위부가 조직을 확대하면서 과거 사회안전부가 담당했던 많은 업무들이 1980년대에 보위부로 이관되었다. 김일성·김정일 부자의 경호와 관련된 1호 행사 호위 업무, 해안 및 국경 경비 업무, 여권 발급 업무, 출입국 관리 업무 등이 대표적인 사례들이다. 특히 이진수 보위부장 사망 이후에는 김정일이 직접 국가안전보위부를 관장하였다. 1990년대 초반에는 김정일이 국가안전보위부를 직접 방문하여 보위부원들을 격려하고 보위부에 힘을 실어 주었다.

또 1992년 국가안전보위부와 인민무력부는 국방위원회로 소속이 변경되었지만 사회안전부는 계속 내각인 정무원에 머물렀다. 따라서 정보기관에 대한 경찰기관의 위상 약화는 1990년대 중반까지 계속되었음을 알 수 있다.

한편 1992년 8월 대한민국이 중국과 국교를 수립하자 12월에 북한은 사회안전부의 인원을 50%이상 증원했다. 특히 수도 평양의 안전원들을 1만 5천여명에서 2만 3천여명으로 대폭 증가시켰다. 소련의 해체, 한중수교 등으로 외부 환경이 급변하자 주민 감시와 통제를 강화한 것이다. 1990년대 초반 변화하는 외부 환경에 의해 인민보안부 조직은 확대되고, 내부 주민 통제에 대한 인민보안성의 역할이 차츰 증가하기 시작한 것으로 보인다.

제2장

김정일 시대 경찰

북한경찰론

김정일 정권 기간(1994년~2011년)동안 주요 사건들과 통치의 특성들을 먼저 살펴보겠다. 그리고 인민보안부에서 이루어진 여러 가지 중요한 요인들을 분석하겠다. 기관명 변경 및 기관장 교체, 지휘구조의 변화, 공안기관간의 위상 변화 등이 대표적인 요인들이다. 특히 심화조 사건은 인민보안부의 위상 강화와 약화에 중요한 영향을 끼쳤다.

1. 김정일 통치의 특성

1994년 7월 8일 김일성 주석이 사망했다. 김일성 사망이라는 비상시기에 김정일은 '북한군 최고사령관'의 직함으로 북한을 통치하기 시작했다. 왜냐하면 북한군 최고사령관은 특정한 시기에 노동당의 집단 지도체제에서 어느 정도 벗어난, 단일지도 형식의 전시대비 특수직책이기 때문이다. 1995년 1월 1일 김정일은 김일성 없이 처음으로 혼자서 군부대를 시찰했다. 북한에서는 이를 선군정치의 시작이라고 부른다. 1997년 10월 8일 김정일은 조선노동당 총비서에 추대되었다. 김일성이 1994년에 사망한 후, 3년간의 유훈 통치 기간이 경과하자 김정일은 노동당의 최고 직위에 취임한 것이다. 김정일은 북한군에 대해서는 최고사령관, 국가에 대해서는 국방위원장 그리고 노동당에 있어서는 총비서에 추대됨으로써 군, 국가, 당을 모두 장악하는 막강한 권력을 가지게 되었다. 1998년 7월 26일 김정일은 최고인민회의 제10기 대의원으로 선출되었다. 북한은 조선인민공화국 창건 50주년을 기념해서 9월 5일에 최고인민회의 제10기 1차 전원회의를 개최하여 헌법을 새롭게 개정했다. 그리고 1993년에 국방위원장으로 선출된 김정일을 다시 위원장으로 재추대하며 새로운 정권을 대내외에 선포했다. 개정된 헌법에서는 정부에 국가주석이 없고, 국방위원회 위원장이 국가 최고 직분을 맡는 형식으로 되어 있었다.

2008년 8월 김정일이 뇌졸중으로 쓰러졌다. 김정일의 병세가 빨리 호전되지 않자 북한은 10월 10일 소위 '9·5 김정일 담화'를 발표하며 김정일 통치시스템이 정상임을 외부에 알리려 했다. 이처럼 김정일 건강 변수가 갑자기 발생하자 북한은 사회 전반에 통제를 더욱 강화했다. 그리고 김정일 후계 구도도 본격적으로 준비하기 시작했다. 한편 2009년 11월 30일 북한은 화폐개혁을 전격적으로 시행했다. 북한 당국은 화폐 개혁의 목적에 대해 표면적으로는 인플레이션 압력의 완화라고 내세웠다. 그러나 실제 정치적인 목적은 화폐개혁을 통해 1990년대 이후 계속 악화되어 온 국가재정을 회복해 경제개발 자금을 마련하기 위한 것이었다. 뿐만 아니라 국가주도의 경제운영체제를 확고히 함으로써 김정은 후계체제의 안정적 구축을 위한 경제적 기반을 조성하기 위한 것이었다. 그러나 화폐개혁은 물가의 폭등과 엄청난 인플레이션, 재산을 상실한 주민들의 격렬한 반발로 실패로 끝났다. 2010년 9월 27일 김정은은 대장 칭호를 수여 받는다. 대장 칭호를 수여 받은 다음날 28일 김정은은 노동당 중앙위 군사위원회에서 부위원장으로 선임되었다. 2011년 12월 17일 김정일 국방위원장이 사망했다. 북한은 국가장의위원회 명단 232명을 발표하고, 노동당 중앙군사위원회 부위원장인 김정은을 위대한 영도자, 위대한 계승자 등으로 표현해 그가 김정일의 후계자임을 공표했다.

2. 기관명칭 개정 및 기관장 교체 등

김정일이 집권할 당시 인민보안상은 백학림 차수였다. 백학림은 1970년 3월에 중장으로 진급하며 사회안전성 제1부부장이 되었다. 1985년 5월 대장으로 진급하고 10월에 인민보안상이 되었다. 그는 1990년 국방위원에 선출되고 1992년 차수로 승진했다. 그렇지만 백학림은 1918년생으로 노령인 관계로 인민보안부의 실질적인 지휘와 운영은 채문덕 정치국장이 담당하였다.

2003년 7월 인민보안상이 백학림에서 최룡수로 바뀌었다. 최룡수는 인민군 출신이 아닌 노동당 간부 출신으로 남포시 강서구역 책임비서와 당 조직지도부 등에서 근무하였다. 인민보안상에 인민군 장성이 아닌 노동당 관료가 임명된 것은 매우 이례적인 인사였는데, 심화조 사건 등으로 인한 인민보안성의 역할 축소 또는 조정 등과 관련된 것으로 분석된다. 하지만 1년이 경과한 후 최룡수는 장성택 인맥으로 분류되어 숙청되고 인민군 현역 장성인 주상성 대장이 인민보안상으로 임명되었다. 주상성은 김정일 측근으로 분류되며 2009년 4월에 국방위원회 부위원장으로 선임되었다. 2011년 4월 인민보안부장이 주상성에서 리명수로 교체되었다.

1998년 북한 헌법이 개정되면서 사회안전부는 정무원 산하의 사회안전성으로 기관명칭이 변경되었다. 그런데 2000년에 사회안전성은 인민보안성으로 명칭이 또다시 변경된다. 심화조 사건으로 악화된 민심(여론)을 무마하기 위한 대책중 하나로 분석된다. 김정일은 사회안전성에 인민을 탄압하지 말고, 인민의 생명을 보호하는 조직이 되라는 의미를 부여하며 인민보안성으로 기관명을 개칭하였다. 그리고 인민보안성 개칭 등도 김정일의 아이디어임을 선전하며 북한 주민들에게 위대한 구원자라는 이미지를 부각시켰다. 김정일은 자신의 선전선동 정책을 위해서 기관 명칭까지 변경하고 홍보하는 통치술을 발휘했던 것이다.

3. 경찰 지휘구조의 변화

1994년 김일성 사망, 동유럽 공산주의 국가들의 붕괴 등으로 북한체제에 변화의 움직임이 일어나자, 김정일은 이러한 움직임들을 일소하기 위해 인민보안부(당시 사회안전부)를 전시체제로 전환하라고 지시했다. 이에 따라 10월경에 인민보안부도 인민무력부와 같이 참모장제가 도입되었다. 그러나 참모장제는 2000년에 폐지되었다. 김일성이 사망한 이후 1990년대 중·후반은 북한 체제의 위기감이 최고조에 달한 기간이었기에 경찰조직인 인민보안부까지 전시대비 시스템을 갖추었다. 그러나 2000년이 되면서 정권이 안정화단계에 진입했기 때문에 참모장제를 폐지한 것으로 분석된다.

2010년 인민보안부 소속 구조에 큰 변화가 발생한다. 2010년 이전의 인민보안성은 내각 소속 기관이었다. 즉 내각 총리의 지휘를 받는 구조였다. 그러나 2010년 인민보안성에서 인민보안부라는 별도의 독립기관으로 격상되었다. 그리고 인민무력부(군), 국가안전보위부(정보기관) 등과 마찬가지로 국방위원장의 지휘를 받는 국방위원회 소속 기관으로 편제가 변경되었다. 과거에도 인민보안부는 내각 총리의 간섭을 받지 않고, 실질적으로는 김정일의 지휘를 받으며 운영되었다. 즉 제도적인 측면에서 형식상 정무원 소속의 기관이었을 뿐이다. 그러나 김정일은 제도적으로 인민보안부를 내각에서 완전히 독립시키고 국방위 소속 기관으로 공식화했다.

김정일의 이러한 조치들은 김정은 후계 구도를 염두에 둔 사전작업으로 분석된다. 권력 승계 및 정권 교체기에는 물리적 통제력을 가진 군과 경찰 등에 대한 장악이 매우 중요하다. 따라서 김정일은 인민보안부도 국방위원장의 지시를 받는 형태로 지휘 구조를 변경한 것이다.

국방위원회에서는 국가의 전반적 무력에 대한 국방건설사업을 지도하고 국방부문 중앙기관을 조직하며 군사칭호 등을 제정 · 수여한다. 국방위원회 위원장은 국가 전반의 사업을 지도하고 국방 분야 간부 임명, 조약 비준 · 폐기, 비상 · 전시 동원령 등을 선포할 수 있는 권한을 가진다.

4. 조직 위상 변화

김정일이 집권하면서 북한에서 선군정치가 시작되었다. 이에 따라 인민군 보위사령부가 패권적 사법기관의 역할을 하며 담당영역을 당과 사회기관으로까지 확대하였다. 즉 인민군 보위사령부가 군을 넘어 인민보안부의 영역까지 업무 범위를 확장한 것이다.

그러다가 1997년부터 2000년까지 진행된 심화조 사건에서 인민보안부(당시 사회안전성)가 핵심적 역할을 하며 김정일의 신임을 받았다. 인민보안부는 8천여명의 인원으로 심화조를 구성하여, 4년동안 약 2만 5천여명을 숙청하였다. 그러나 인민보안부 심화조의 권력 횡포가 심각해지자, 김정일은 조직지도부, 국가안전보위부, 군 보위사령부 등을 활용하여 심화조에 대한 해산과 검열을 지시했다. 심화조 검열 이후 사회안전성 채문덕 정치국장 등 주요 직책자들을 포함한 수많은 보안원들에게 총살, 무기징역형, 징역 10년형~20년형 등의 중형이 선고되거나 철직, 추방 등이 집행되었다. 심화조 사건 이후 기관명이 개칭되는 등 인민보안부의 위상은 상당기간 위축되었다.

2007년 장성택이 행정부장으로 임명된 이후, 인민보안부(당시 인민보안성)는 다시 위상을 회복했다. 특히 2009년 11월 화폐교환조치와 무역기관 통합이 발생시킨 사회경제적 혼란을 수습할 때, 인민보안부가 중요한 역할을 수행했다. 또 장성택 득세에 맞추어 2010년 인민보안성의 명칭은 독립기관인 인민보안부로 새롭게 개정되고 국방위원회에 공식적으로 직할되었다.

제3장

김정은 시대 경찰

북한경찰론

김정은 정권의 통치 기간동안 주요 사건들과 통치의 특성들을 먼저 살펴보겠다. 그리고 인민보안부에서 이루어진 의미있는 요인들을 중심으로 분석하겠다. 기관장 교체 및 유임, 교육기관 명칭 변경, 공안기관간의 위상 변화 등이 대표적인 사례이다. 특히 장성택 처형은 인민보안부의 위상 변화에 중요한 영향을 미쳤다.

1. 김정은 통치의 특성

1994년 7월 8일 김일성 주석이 사망했다. 김일성 사망이라는 비상시기에 김정일은 '북한군 최고사령관'의 직함으로 북한을 통치하기 시작했다. 왜냐하면 북한군 최고사령관은 특정한 시기에 노동당의 집단 지도체제에서 어느 정도 벗어난, 단일지도 형식의 전시대비 특수직책이기 때문이다. 1995년 1월 1일 김정일은 김일성 없이 처음으로 혼자서 군부대를 시찰했다. 북한에서는 이를 선군정치의 시작이라고 부른다. 1997년 10월 8일 김정일은 조선노동당 총비서에 추대되었다. 김일성이 1994년에 사망한 후, 3년간의 유훈 통치 기간이 경과하자 김정일은 노동당의 최고 직위에 취임한 것이다. 김정일은 북한군에 대해서는 최고사령관, 국가에 대해서는 국방위원장 그리고 노동당에 있어서는 총비서에 추대됨으로써 군, 국가, 당을 모두 장악하는 막강한 권력을 가지게 되었다. 1998년 7월 26일 김정일은 최고인민회의 제10기 대의원으로 선출되었다. 북한은 조선인민공화국 창건 50주년을 기념해서 9월 5일에 최고인민회의 제10기 1차 전원회의를 개최하여 헌법을 새롭게 개정했다. 그리고 1993년에 국방위원장으로 선출된 김정일을 다시 위원장으로 재추대하며 새로운 정권을 대내외에 선포했다. 개정된 헌법에서는 정부에 국가주석이 없고, 국방위원회 위원장이 국가 최고 직분을 맡는 형식으로 되어 있었다.

2008년 8월 김정일이 뇌졸중으로 쓰러졌다. 김정일의 병세가 빨리 호전되지 않자 북한은 10월 10일 소위 '9 · 5 김정일 담화'를 발표하며 김정일 통치시스템이 정상임을 외부에 알리려 했다. 이처럼 김정일 건강 변수가 갑자기 발생하자 북한은 사회 전반에 통제를 더욱 강화했다. 그리고 김정일 후계 구도도 본격적으로 준비하기 시작했다. 한편 2009년 11월 30일 북한은 화폐개혁을 전격적으로 시행했다. 북한 당국은 화폐 개혁의 목적에 대해 표면적으로는 인플레이션 압력의 완화라고 내세웠다. 그러나 실제 정치적인 목적은 화폐개혁을 통해 1990년대 이후 계속 악화되어 온 국가재정을 회복해 경제개발 자금을 마련하기 위한 것이었다. 뿐만 아니라 국가주도의 경제운영체제를 확고히 함으로써 김정은 후계체제의 안정적 구축을 위한 경제적 기반을 조성하기 위한 것이었다. 그러나 화폐개혁은 물가의 폭등과 엄청난 인플레이션, 재산을 상실한 주민들의 격렬한 반발로 실패로 끝났다. 2010년 9월 27일 김정은은 대장 칭호를 수여 받는다. 대장 칭호를 수여 받은 다음날 28일 김정은은 노동당 중앙위 군사위원회에서 부위원장으로 선임되었다. 2011년 12월 17일 김정일 국방위원장이 사망했다. 북한은 국가장의위원회 명단 232명을 발표하고, 노동당 중앙군사위원회 부위원장인 김정은을 위대한 영도자, 위대한 계승자 등으로 표현해 그가 김정일의 후계자임을 공표했다.

2. 기관장 교체 등

2013년 2월 인민보안부장이 리명수에서 최부일로 교체되었다. 인민보안부 수장을 맡게 된 최부일의 계급은 대장이며, 그는 인민군 총참모부 작전국장과 부총참모장을 담당했다. 그리고 그는 인민군 작전국장을 담당하고 있을 때 대장에서 상장으로 강등된 전력이 있다. 한편 최부일은 2014년 4월 9일에 개최된 최고인민회의 제13기 제1차회의에서 법제위원장으로 선임되었다. 따라서 그는 주민통제와 관련된 법규들을 정비하고, 비법자(법규 위반자)들에 대한 단속 및 처벌들을 강력하게 시행할 것으로 예상된다.

3. 교육기관(인민보안대학)

인민보안부에서는 과거부터 인민보안부정치대학을 운영해 왔다. 인민보안부정치대학은 2012년에 김정일인민보안대학으로 대학 명칭을 새롭게 변경하였다. 기관 대학 명칭에 김정일의 이름을 사용하였다는 것은 북한 사회에서 중요한 의미를 지닌다. 무엇보다도 김정일이 자신의 통치기간동안 많은 공안기관들 중에서 인민보안부를 적극 활용하고 또한 신임하였음을 알 수 있는 조치라고 분석된다. 즉 인민보안부의 충성에 대한 최고권력자들의 보은과 격려의 의미가 담겨있다고 판단된다.

4. 조직 위상 변화

2013년 5월 노동절(5. 1절) 즈음에 김정은은 인민보안부를 직접 방문하여 최부일 인민보안부장 등을 격려했다. 그리고 김정은은 리설주와 함께 인민보안부에서 운영하는 조선인민내무군협주단 공연을 함께 관람했다. 인민보안부 방문시 김정은은 인민보안부에 24시간 경비체제 구축 등 사회 통제 강화 지침들을 내렸다. 이후 최부일 부장은 탈북자 관련 특별담화 발표, 게슈타포 발언 등을 하며 북한 사회에 공포분위기를 조성했다.

그러나 장성택 처형 이후 인민보안부를 담당하던 부부장을 포함하여 행정부 부부장들 모두가 처형되거나 수용소에 수감되었다. 그리고 중앙당 및 지방당 행정부는 완전히 해체되었다. 해체된 행정부의 조직과 기능은 조직지도부가 흡수하고, 조직지도부는 북한 최고의 핵심 권력 기구로 자리 잡는다. 이 과정에서 장성택 숙청에 기여했던 국가안전보위부의 권한은 강화되고, 인민보안부의 위상은 약화되었다.

제4장

법규에 의한 통제

북한경찰론

1. 법규 통제의 특성

(1) 법치의 강조

북한의 최고지도자들은 모두 법령과 규정 등을 통해서 북한 사회를 통제하고 자신들의 정권을 안정화시키려 했다. 특히 김일성은 "우리나라(북한)의 법은 우리 국가의 정책을 실현하기 위한 중요한 무기입니다. 우리 국가의 정책은 우리 당의 정책입니다. 우리당의 정치로선과 정책을 모르고서는 법을 집행할 수 없습니다."라고 발언하며 법정치를 강조했다.

북한은 특히 김일성 등 최고지도자들도 예외 없이 법규를 준수한다는 점을 선전하며 준법 정신을 강조했다. 이와 관련해서 김일성은 다음과 같이 주장하고 발언했다.

우리의 법은 그 누구도 위반할 권리가 없습니다. 모든 국가 기관, 기업소, 사회단체, 협동단체 일군들과 모든 공민들은 오직 법을 준수하고 그 요구대로 사업하고 행동할 의무 밖에 없습니다.

법을 자각적으로 지키는 것은 모든 공민들의 신성한 의무입니다. 간부라고 하여 례외로 될 수 없습니다. 간부들은 누구보다도 준법성이 강해야 합니다. 특히 간부들 속에서 지난날의 투쟁경력을 자랑하면서 법을 지키지 않는 일이 있어서는 절대 안됩니다.

사회주의 법을 존중히 여기며 그것을 자각적으로 지키는 것은 공민들의 신성한 의무입니다. 국가, 경제기관 지도일군들은 모든 사업을 법과 규정일 요구대로 진행하며 국가의 법질서와 사회주의 생활규범을 지키는데 군중의 모범이 되여야 하겠습니다.

한편 김정은은 아버지 김정일에 비해 승계 준비 기간이 짧았다. 즉 북한 당·정·군의 주요 지위와 권한 등을 공식적으로 승계하지 못한 상태에서 집권했다. 또 김일성·김정일과 달리 김정은은 개인적인 카리스마가 부족하고 대내외에 정치적 업적을 보여주지 못했다. 그러므로 김정은은 김정일처럼 집권 초기에 법률과 규정, 노동당 의사 결정 시스템 등과 같은 제도적 측면을 통해 정당성을 확보하며 여러 정책들을 시행했다.

그리고 김정은도 공안통치를 위해 김정일처럼 법정치를 매우 강조했다. 김정은 시대에 열린 전국 분주소장 회의와 전국 법무일꾼대회가 법정치에 대한 김정은의 관심을 확인할 수 있는 대표적인 예이다. 북한은 2012년 11월 23일에 전국 분주소장 회의를 개최하였다. 전국 분주소장 회의는 무려 13년 만에 열린 것이다. 그리고 12월 5일에는 '전국법무일꾼대회'를 개최하여 "온사회에 혁명적 법질서를 확립해야 한다."고 발언하였다. 전국 단위의 법무일꾼대회도 5년 만에 열렸다.

김정은은 2012년에 리영호 총참모장을 숙청하고, 2013년에는 권력 2인자 장성택을 처형한다. 특히 장성택 처형 및 장성택계 인물들에 대한 숙청에 이르러서는 김정은식 법정치, 이른바 공포정치가 절정에 달했다. 김정은의 법정치 강조 사례는 많은 탈북자들의 증언들을 통해 확인할 수 있다. 또 장성택을 처형한 후에 발표된 2014년 북한 신년사에서도 법정치 강화에 대한 김정은의 의지가 강하게 반영되어 있다.

김일성, 김정일 그리고 김정은은 모두 '법정치'를 강조했다. 그러나 그들이 강조하는 '법정치'의 의미는 법을 존중하는 '법치(rule of law)'가 아닌 법을 통치수단으로 이용하는 '법에 의한 지배(rule by law)'이다. 그리고 북한 수령제의 특성상 최고권력자의 지시는 현실에서 법보다 더 중요하게 작용한다. 이는 북한에서는 법이 권력의 수단으로 여겨지기 때문이다. 따라서 최고지도자 지시 등이 북한에서 초법적인 규범들로 작용하고 있다.

김일성, 김정일, 김정은은 모두 집권 초기에 공안정치와 공포정치를 시행했다. 김일성은 1950년대와 1960년대에 정치적 반대세력들을 단계적으로 숙청하거나 특별독재대상구역에 수용했다. 김정일은 1990년대에 많은 주민들을 공개처형하고 심화조 사건을 통해 북한 전역을 공포로 몰아넣었다. 김정은은 탈북자 단속 및 처벌 등을 중심으로 주민 통제를 강화하고 리영호 총참모장 숙청, 고모부 장성택 처형 등을 통해 공포정치를 지속했다. 그러나 김일성은 자신의 정적들이 대부분 제거된 1980년대부터, 김정일은 심화조 사건이 마무리 된 2000년 이후부터 광폭정치, 인덕정치를 내세우며 법정치를 다소 완화했다.

김정은은 자신의 정권을 출범시키면서 군부에 대한 장악부터 시작한다. 대표적인 사례가 리영호 숙청이다. 2012년 군부의 실세였던 리영호 총참모장이 전격적으로 해임되고 체포되었다. 리영호 해임은 김정은의 군에 대한 본격적인 통제의 시작을 의미한다. 김정일 시절의 군 인사들을 숙청함으로써 세대 교체와 함께 군부에 대한 영향력을 확대하고, 김정은 자신의 장악력을 높이기 위한 의도로 분석된다. 리영호 숙청을 통해 김정은은 군부에 대한 인사를 본격화하면서 군에 대한 통제력을 확대해 갔다. 그리고 노동당이 주도하는 정책결정시스템 정착이 가속화되었다. 즉 김정은은 군보다는 당을 중심으로 하는 통치체계를 본격적으로 구축해 나갔다. 한편 고모부 장성택은 김정은 후계체제 확립과정에서 중요한 역할을 담당하며 권력승계에 많은 공을 세웠다. 그런 탓에 그는 권력 2인자로 평가되었지만, 2013년 김정은에 의해 단기간에 숙청되었다. 김정일시대 당·정·군의 대표적 인물인 리영호와 장성택을 숙청한 김정은은 본격적으로 자신만의 독자체제를 구축하기 시작했다.

2014년 4월 최고인민회의 제13기 제1차회의가 개최되었다. 최고인민회의 개최를 통해 장성택 숙청 이후에도 북한의 국가시스템은 정상적으로 작동하고 있음을 알 수 있다. 또 최고인민회의 개최 이전에 당중앙군사위원회와 당중앙위원회 정치국 회의가 개최되었는데 이를 통해 김정은은 당 주도 정책결정시스템을 지속적으로 추진하고 있다는 사실도 확인할 수 있다. 최고인민회의의 대의원 구성을 살펴보면 측근세력·40~50대·엘리트 등이 다수를 차지했으며, 노장청 배합·직업·성비·권력기관 안배를 고려한 점이 특징이다. 그리고 김경희 퇴장, 최룡해 입지 강화 외에는 큰 변화가 없는 안전추구형 세대교체를 단행했다. 국방위원회 선거에서는 최부일 인민보안부장이 국방위원회 위원으로 계속 유임되었다. 그리고 그는 최고인민회의의 부문위원회 중 하나인 법제위원회 위원장으로 선임되었다. 따라서 김정은은 장성택 숙청 이후에도 인민보안부를 통한 사회통제를 지속할 것으로 예상된다. 한편 최고인민회의의 지도부 구성을 살펴보면 북한이 앞으로 선전선동 정책을 강하게 추진할 것으로 보인다.

최고인민회의 의장은 최태복이 유임되었는데 그는 당과학교육 비서로 오랫동안 일해 온 선전선동 전문가이다. 그리고 부의장으로는 안동훈과 리혜정이 신임되었는데, 그들은 각각 문화예술 · 이데올로기 전문가이다. 따라서 인민보안부 중앙 및 지방 정치국 산하의 선전선동부서에서도 김정은 우상화 등 의식화 사업들이 강화될 것으로 보인다.

리영호, 장성택 등으로 대표되는 김정일 정권 인물들에 대한 숙청이 단기간에 전격적으로 진행되었다. 그리고 당 · 정 · 군 분야에 김정은 측근 인사들의 기용이 꾸준히 진행되고 있다. 따라서 장성택 계열 인물들에 대한 숙청이 마무리되고, 김정은 친위 성향의 인물들에 의한 세대 교체가 본격화되면 김정은의 강력한 법정치는 점차 완화될 것이다. 김일성, 김정일이 내세웠던 광폭 정치, 인덕 정치 성향의 정책들을 김정은도 시행할 것으로 보인다. 김정은은 집권 초기에 인민보안부 등 억압적 통제기구(RSA)를 통한 사회통제에 주력했다. 하지만 시간이 경과할수록 억압적 통제 수단보다는 이데올로기적 · 설득적 통제 수단을 통한 사회 통제가 이루어질 것이다. 따라서 인민보안부도 이데올로기적 통제기구(ISA)측면에서 북한 주민들에 대한 사상 통제와 의식화사업들을 보다 강력하게 추진할 것으로 예상된다.

(2) 지속적인 법규 정비

북한은 최고인민회의를 통해 헌법 등을 포함하여 주요 법규를 지속적으로 정비해왔다. 1972년 12월 27일 제5기 최고인민회의에서 '조선민주주의인민공화국사회주의헌법'이 새롭게 제정되었다. 새로운 헌법의 특징은 舊헌법에서 미비하였던 사회주의적 요소를 강화하고, 주체사상을 통한 정부 구조 개편 및 수령 중심의 권력구조를 확립하였다.

한편 북한은 최고사령관의 지위도 헌법을 통해 새롭게 정립하였다. 헌법 제93조에서 '전반적 무력의 최고사령관'이라는 개념이 공식화되었다. 따라서 최고사령관은 단순히 북한 정규군에 한정된 군사지휘관이 아니라 북한내 전체 무력에 대한 최고 지휘관이라고 범위를 확대하였다. 따라서 최고사령관인 김일성은 북한 인민군뿐만 아니라 치안 기관인 인민보안부(당시 사회안전부) 등에 대해서도 직접적인 지휘권을 행사할 수 있는 제도적 토대를 마련했다.

1992년 4월 2일 북한은 헌법을 개정하여 중앙인민위원회 부문별 위원회 중 하나였던 국방위원회를 분리 · 독립시켜 '국가주권의 최고군사지도기관'으로 승격시켰다. 특히 헌법 113조에서 주석의 권한이던 평시 '일체 무력의 지휘 · 통솔 권한'을 국방위원회에 부여하였다. 또 국방위원장과 관련하여 위원장을 최고인민회의에서 선거토록 헌법 내용을 수정하였다. 따라서 실질적으로 김일성 부자의 관리하에 있던 인민보안부도 당시에 소속이 변경되었을 것으로 보인다.

북한은 조선인민공화국 창건50주년을 기념해서 1998년 9월 5일 최고인민회의를 개최했다. 최고인민회의 전원회의에서 북한은 헌법을 개정하고 개정헌법을 '김일성헌법'으로 천명하였다. 헌법의 서문에는 김일성은 공화국의 창건자, 사회주의 조국의 시조, 김일성을 영원한 주석으로 모신다는 내용이 표현되어 있다. 김정일은 자신의 본격적인 통치를 위해 김일성의 권위와 카리스마를 개정 헌법에 부여한 것으로 보인다. 개정 헌법에는 정부에 국가주석이 없고, 국방위원회 위원장이 국가 최고 직분을 맡는 형식으로 되어 있다. 이에 따라 최고인민회의 상임위원회 위원장이 국가를 대표하고, 정무원의 총리는 내각을 담당하게 되었다.

1998년 북한은 헌법 개정을 통해 김정일이 위원장으로 재추대된 국방위원회의 권한을 대폭 강화해 선군정치를 제도화함으로써 선군통치를 본격화했다. 2009년 4월 9일 11년 만에 헌법이 수정 보충되었다. 2009년 헌법 개정에서 무엇보다 가장 큰 특징은 국방위원회 위원장의 지위와 권한을 강화하여 국방위원장의 유일적 영도체계를 확립했다는 점이다. 헌법 제1장 제3조에서 선군사상을 주체사상과 함께 북한의 지도적 지침으로 천명하였다. 제4조와 관련하여 舊 헌법에서는 주권이 노동자, 농민, 근로인테리와 모든 근로인민에게 있다고 하였으나 군인이 주권 대상자로 추가되었다. 선군사상과 선군정치를 뒷받침하는 용어의 추가로 분석된다. 그리고 1년이 경과한 2010년 4월 9일 중앙재판소를 최고재판소로, 중앙검찰소를 최고검찰소로 명칭 변경하는 헌법 부분수정이 이루어 졌다.

김정은은 권력 승계 후 헌법을 매년 개정했다. 김정일 사망 이후 애도기간이 마무리된 2012년 4월 13일과 다시 1년이 경과한 2013년 4월 1일에 헌법을 각각 개정하였다. 김정은도 김정일과 같은 방법으로 선대의 권위와 카리스마를 헌법에 반영하였다. 김정은은 금수산태양궁전법이라는 별도의 법률까지 제정하여 자신의 권력 승계와 통치를 정당화하였다. 김정은은 백두혈통에 의한 자신의 권력승계를 정당화하기 위해 여러 부문에서 노력했다. 특히 제도적 측면에서 헌법과 관련 법령 및 규정들을 최대한 활용했다. 특히 김일성과 김정일 시신이 안치되어 있는 금수산태양궁전이 북한의 성지라는 내용을 헌법에 반영하였다.

북한에서는 경제난의 지속으로 부정부패가 만연할 뿐만 아니라 사건사고들이 계속 증가하고 있다. 또 김정은 권력 승계에 따른 주민 통제의 강화로 많은 범죄자들이 양산되고 있다. 이러한 북한의 현실을 반영하여 관련 법규들이 계속 제정 또는 개정되고 있다. 개정된 형사소송법의 예심기간, 피의자 구류기간, 제1심 재판기간 연장 등이 대표적인 사례이다. 그리고 교화소 운영은 예산, 관리인원 등 제약사항들이 많기 때문에 무보수노동, 노동 교양, 노동단련형 등에 의한 처벌이 증가하고 있는 점도 변화된 특징이다.

2011년에 군수재판제도가 새롭게 도입되었다. 군수공업부문 종업원이 저지른 범죄와 군수 공업부문 사업을 침해한 사건들에 대해 특별재판으로 군수재판이 이루어진다. 군수재판의 신설은 북한의 심각한 경제난과 군수분야 범죄들이 증가하는 상황 등을 반영한 것으로 보인다. 군수재판 등을 통해 북한은 군수공업 부문 종사자들을 강력히 통제하고 처벌할 것으로 예상된다.

북한에서 철도는 여객수송과 화물운송에서 가장 큰 비중을 차지하고 있다. 따라서 열차사고와 철도관련 범죄 사건들이 많이 발생하기 때문에, 특별형사재판들 중에서 유일하게 철도재판은 2012년 4월까지 2심제로 운영되었다. 그러나 2012년 5월부터 모든 특별형사재판(철도재판, 군수재판, 군사재판)은 2심제로 심급제도가 변경되었다.

군사재판이 2심제로 변경된 점도 시사하는 바가 크다. 군사재판은 군인, 인민보안부 보안원이 저지른 범죄와 군사기관 종업원에 의한 사건들을 재판한다. 김정일 선군 통치, 김정은 권력 승계 등으로 군인 및 보안원들에 의한 권력 남용 및 대민 피해가 상당히 증가한 것으로 판단된다. 북한은 군사재판을 통해 군, 공안기관, 군사기관 구성원들에 대한 통제도 한층 강화할 것으로 보인다.

북한은 살림집법 등을 통해 주민들의 거주·이전 자유를 통제해왔다. 북한은 2012년 출입국법을 개정하여 외국인의 거주·이전에 대한 자유를 확대 및 제한하는 조치를 동시에 시행했다. 계속되는 경제난을 타개하기 위해 외자 유치 등에 필요한 제반사항들을 구비함과 동시에 비사회주의 현상들의 확산을 억제하는 법규 정비도 병행했던 것이다. 특히 통제범위가 내국인뿐만 아니라 외국인까지 확대되었다는 점에서 통제 강화 정책은 상당기간 지속될 것으로 예상된다.

(3) '당의 유일사상체제 확립의 10대 원칙' 개정

「당의 유일사상체제 확립의 10대 원칙」은 김정일이 당권을 장악하기 시작한 1974년 4월에 김정일에 의하여 처음 작성, 발표되었다고 알려져 있다. 그러나 황장엽 전 북한 노동당 비서는 이 10대 원칙이 김일성의 동생인 김영주에 의하여 이미 1960년대 중반에 작성되었으며, 훗날 김정일이 삼촌을 권력의 중심에서 밀어내고 북한의 완전한 실권자로 등장하면서 자신의 후계체제를 구축하는데 유리하게 이를 개작하였다고 증언하였다. 결국 이 「당의 유일사상체제 확립의 10대 원칙」은 1950년대 후반 김일성의 권력장악을 위해 김영주에 의하여 작성되었으나, 그 후 김정일과 김영주의 권력다툼에서 김정일이 승리한 후 세습체제 확립을 위한 당권 장악수단으로 변질되었다. 김정일에 의해 직접 작성된 「당의 유일사상체제 확립의 10대 원칙」 수정판은 김일성의 신격화 수준을 완전히 합법적인 지위로 끌어 올리는 동시에 당내에서 자기의 실권을 확립한 북한의 실질적인 법으로 북한주민들에게 기능하고 있다.

총 10조 64항으로 구성된 「당의 유일사상체제 확립의 10대 원칙」은 김일성 개인의 '신격화' 김일성 권위의 '절대화', 김일성 교시의 '신격화', 교시 집행의 '무조건성'이라는 4대 원칙과 모든 노동당 간부들과 주민들이 지켜야 할 사고방식, 활동방식, 생활방식에 대한 지침을 제시하고 있다.

북한은 1974년 4월 제정한 「당의 유일사상체제 확립의 10대 원칙」을 2013년 6월에 「당의 유일적 령도체계확립의 10대 원칙」으로 39년만에 개정하였다. 김정은은 2013년 6월 19일 노동당과 군, 내각 등의 고위간부들을 모아놓고 유일영도체계 확립에 대해 직접 연설을 하였으며, 조선노동당출판사는 연설 내용을 묶어 「혁명발전의 요구에 맞게 당의 유일적 령도체계를 더욱 철저히 세울데 대하여」라는 제목의 소책자를 발간하였다.

개정 내용은 서문 및 10조 65항에서 서문 및 10조 60항으로 조정되었다. 개정된 10대 원칙은 김정은의 새로운 유일적 영도체계 확립에 중점을 두고 있다. 특히 김정은 정권의 권력 안정화를 위한 구체적 내용들이 6원칙과 7원칙에 세부적으로 표현되어 있다. 무엇보다 개정의 핵심 내용은 김정은의 권력 불안요인을 최소화하고 권력 안정화 방안을 보완한 것이다. 즉 북한은 권력엘리트들의 분열과 배신을 막고 엘리트들의 응집력을 유지하기 위한 조항들을 추가했다. 북한은 여러 독재정권들이 엘리트 분열에 의해 붕괴한다는 사실에서 교훈을 찾고 있는 것으로 보인다. 또 개정안에서는 부르주아 사상을 반당적 사상조류에 포함시켰다. 따라서 북한은 부르주아 사상을 투쟁 대상으로 규정하고 지속적으로 시장통제정책을 시행할 것으로 보인다. 그리고 인민보안부 등 공안기관을 통한 경제사범들에 대한 규제와 통제도 계속 강화할 것으로 예상된다.

2. 김일성 시대 특성

북한 사회에서 김일성은 절대적인 권위를 가진 최고지도자였다. 북한 주민들은 김일성 1인 통치하에서 약 50년 동안 생활했으며, 그는 북한의 정치체제와 사회질서 등을 반세기동안 지배했다. 북한은 오랜 기간동안 김일성에 대해 상징 조작을 하고, 그를 신적인 존재로까지 선전선동하였다. 특히 수령-당-인민대중이 하나라는 유기체적 존재, 이른바 사회정치적 생명체라고 끊임없이 사상교육을 실시했다. 그러므로 체제보위기관인 인민보안부도 김일성의 정치적 위상과 정책 변화에 따라 많은 영향을 받았다. 따라서 최고지도자와 정치적 변화에 큰 영향을 주었던 최고인민회의와 헌법 그리고 북한 사회를 실질적으로 통제하는 최고 규범인 '당의 유일사상체계 확립의 10대 원칙' 등을 중심으로 제도적 측면을 살펴보겠다.

(1) 최고인민회의와 헌법 개정

1972년 12월 27일 제5기 최고인민회의에서 '조선민주주의인민공화국 사회주의헌법'이 새롭게 제정되었다. 새로운 헌법의 특징은 舊 헌법에서 미비하였던 사회주의적 요소를 강화하고, 주체사상을 통한 정부 구조 개편 및 수령 중심의 권력구조를 확립하였다는 점이다.

개정된 사회주의헌법 제4조에서 "조선민주주의인민공화국은 마르크스-레닌주의를 우리나라의 현실에 창조적으로 적용한 조선로동당의 주체사상을 자기 활동의 지침으로 삼는다"라고 규정함으로써 북한은 노동당의 유일사상이 주체사상임을 분명히 밝혔다. 그리고 1980년 제6차 당대회에서 채택된 당규약에서도 노동당은 김일성의 주체사상에 의해 지도된다고 명시하였다. 또 김정일은 주체사상의 이론적 정립 작업을 통해 이데올로기적 해석권을 독점하고 자신의 후계자 지위를 확고히 하고자 노력했다. 이처럼 김일성 부자의 권력 승계를 정당화하기 위해 신헌법과 당규약에서 주체사상이 강조됨에 따라 인민보안부 등 공안기관들은 김일성 · 김정일 우상화 및 김정일 후계 체제 확립을 뒷받침하기 위한 주민통제를 강화했다. 이와 함께 신헌법 제정으로 내각이 정무원으로 개편되면서 사회안전성은 사회안전부로 기관명이 변경되었다.

한편 북한은 최고사령관의 지위도 헌법을 통해 새롭게 정립하였다. 헌법 제93조에서 '전반적 무력의 최고사령관'이라는 개념이 공식화되었다. 따라서 최고사령관은 단순히 북한 정규군에 한정된 군사지휘관이 아니라 북한내 전체 무력에 대한 최고 지휘관이라고 범위를 확대하였다. 따라서 최고사령관인 김일성은 북한 인민군뿐만 아니라 치안 기관인 인민보안부(당시 사회안전부) 등에 대해서도 직접적인 지휘권을 행사할 수 있는 제도적 토대를 마련했다. 인민보안부에는 무장력을 갖춘 내무군, 기동순찰대 등이 편성되어 있다. 그리고 유사시에는 참모장제도 등을 통해 전시체제로 전환될 수 있기 때문에 경찰기관도 최고사령관의 직접 지휘를 받는 중요한 무장조직 중 하나라고 할 수 있다.

1977년 12월 5일 최고인민회의 제6기 1차회의에서 '인민정권을 더욱 강화하자'라는 김일성의 연설을 통해 사회주의법무생활지도위원회가 신설되었다. 법무생활지도위원회는 1982년 김정일이 발표한 "사회주의법무생활지도위원회의 기능과 역할을 더욱 높여야 한다."라는 교시에 근거하여 북한의 각종 단체와 주민들의 법무생활을 조직적으로 지도하는 집체적 지도기관으로 승격되었다. 각 지역의 보안부장도 관할 법무생활지도위원회의 구성원으로 당책임비서, 인민위원장, 보위부장, 검찰소장 등과 함께 관할 지역의 범죄 예방 및 처벌 등의 임무를 수행했다. 법무생활지도위원회는 형식적으로 사회주의 준법 교양과 범죄예방을 임무로 내세우지만, 실질적으로는 주민, 당 · 정 간부들을 감시하고 통제하는 역할을 수행하였다.

1982년 4월 5일 최고인민회의 제7기 1차회의시 사회안전부는 정무원 소속에서 분리되어 노동당 소속으로 변경되었다가, 1986년 12월 29일에 열린 최고인민회의 제8기 1차회의 때는 정무원 소속으로 다시 환원되었다. 그리고 1988년 9월 5일 북한 헌법의 수정 및 보충에 따라 정무원이 내각으로 개편되고, 사회안전부는 과거처럼 사회안전성으로 기관 명칭이 변경되었다. 이처럼 사회안전성(부)이 공식적으로는 내각 또는 정무원 소속으로 편제되었지만 실질적으로는 내각(정무원)의 관리 · 감독을 받지 않았다. 내각 총리는 경찰기관인 사회안전성(부) 업무에 지휘권한도 없었고 별도의 책임도 지지 않았다. 내각(정무원) 편제는 경찰조직인 인민보안부의 대외적 이미지 등을 고려한 형식적인 구조였고 실제로는 국방위원회에 소속되어 당의 감독을 받았다.

이에 대한 판단 근거는 다음과 같다. 첫째, 사회안전성(부) 안전원들은 인민무력부 소속 현역군인들과 같은 군사칭호를 사용하며 군복을 착용하며 근무한다. 특히 비상시에 인민군 총참모부의 직접적인 통제를 받는 무장조직인 내무군이 사회안전성(부) 소속이다. 둘째, 사회안전성 기관장이 국방위원회 위원중 한 명이다. 셋째, 사회안전부장이 인민무력부 부부장을 겸임한 사례도 있었다. 넷째, 사회안전부 장령급(장성급) 간부들이 인민무력부 간부로 전출하는 등 상호인사교류가 존재했다. 다섯째, 과거 사회안전부 행사에 국방위원회 제1부위원장이 참석하여 행사를 주관한 사례가 있다. 여섯째, 군사칭호를 사용하는 국가안전보위부도 국방위원회 소속으로 1998년 이관되었다. 일곱째, 인민보안부 보안원들은 법규를 위반했을 경우 일반 재판이 아닌 군사재판을 받는다. 이러한 여러 요소들을 종합해 보면 1980년대에도 치안업무를 담당했던 사회안전부는 실질적으로는 국방위원회의 통제를 받았다고 판단할 수 있다.

1992년 4월 2일 북한은 헌법을 개정하여 중앙인민위원회 부문별 위원회 중 하나였던 국방위원회를 분리 · 독립시켜 '국가주권의 최고군사지도기관'으로 승격시켰다. 특히 헌법 113조에서 주석의 권한이던 평시 '일체무력의 지휘 · 통솔 권한'을 국방위원회에 부여하였다. 또 국방위원장과 관련하여 위원장을 최고인민회의에서 선거토록 헌법 내용을 수정하였다. 따라서 실질적으로 김일성 부자의 관리하에 있던 인민보안부도 당시에 소속이 변경되었을 것으로 보인다.

1993년 4월 9일 최고인민회의 제9기 5차 전원회의에서 김일성 주석의 제의에 의하여 김정일이 국방위원회 위원장으로 선출되었다. 김정일의 국방위원장 선출을 통해 그가 김일성 주석을 승계하는 북한의 실질적인 권력자임을 대내외에 공포하였다. 김정일은 국방위원장 직책을 통해 북한군뿐만 아니라 치안 조직인 인민보안부, 정치(비밀)경찰 역할을 담당하는 국가안전보위부까지 지휘하게 되었다. 이를 통해 김정일은 북한 주민들을 더욱 철저하게 감시하고 통제할 수 있게 되었다.

(2) '당의 유일사상체계 확립의 10대 원칙' 제정

1974년 2월 군당 선전선동부장급 이상이 참가한 '사상부문 일꾼 강습회'에서 '당의 유일사상체계 확립의 10대 원칙'이 발표되었다. 4월에는 김정일이 '전당과 온사회에 유일사상체계를 더욱 튼튼히 세우자'라는 제목으로 사회안전부문을 포함한 중앙당, 국가, 경제기관, 근로단체, 인민무력, 과학, 교육, 문화예술, 출판보도부문 담당자들을 대상으로 '당의 유일사상체계 확립의 10대 원칙'을 포함한 내용을 연설하였다. 총 10조 64항으로 구성된 '당의 유일사상체제 확립의 10대 원칙'은 김일성 개인의 '신격화' 김일성 권위의 '절대화', 김일성 교시의 '신격화', 교시 집행의 '무조건성'이라는 4대 원칙과 모든 노동당 간부들과 주민들이 지켜야 할 사고방식, 활동방식, 생활방식에 대한 지침을 제시하였다. 그리고 '당의 유일사상체계 확립의 10대 원칙'은 김일성 가계의 유일지도체계를 확립하는데 강력한 지침 역할을 하였다. 이는 후계자론까지를 포함하는 수령론의 실질적인 정식화라고 볼 수 있다. 김정일에 의해 작성된 '당의 유일사상체제 확립의 10대 원칙'은 김일성의 신격화 수준을 완전히 합법적인 지위로 끌어 올리는 동시에, 당내에서 자기의 실권을 확립한 북한의 절대적인 법으로 북한주민들에게 기능하였다. 또 10대 원칙은 김일성 가계의 절대적 권위와 지배를 제도적으로 보장하는 통치규범이기 때문에 헌법이나 노동당 규약보다 상위에서 작동하면서 북한의 권력구조와 지배질서를 제한했다. 즉 '당의 유일사상체제 확립의 10대 원칙'은 김일성 일가의 권위와 권력을 절대화·무조건화·우상화하고, 강력한 감시와 탄압을 통해 정치적 반대세력이나 불만세력의 출현을 근본적으로 차단하며, 김일성 일가의 권력세습을 정당화하려는 제도적 장치로서 기능했다고 할 수 있다.

그리고 북한에서 노동당의 당적 통제는 수령론과 밀접하게 연관되어 있다. 북한은 노동당 안에 '수령의 사상과 영도의 유일성'이 보장되는 것을 당 건설의 근본원칙으로 삼음으로써 노동당에 유일적 사상체계, 유일적 영도체계를 확고하게 세울 수 있었다고 주장한다. 이를 위해 북한은 "당 안에 '다른 사상'이 들어와서는 혁명을 제대로 할 수 없다"는 전제를 내세웠다. 비유적으로 말하자면 "사람의 몸에 한 가지형의 피가 있어야 생존할 수 있는 것처럼 당 안에서도 오직 하나의 사상, 즉 수령의 혁명사상만이 지배해야 당이 수령의 당으로서 자기의 혁명적 본성을 고수하고 건전하게 발전할 수 있다."는 것이다. 이것이 노동당의 유일사상체계 확립, 즉 김일성의 유일지도체계를 정당화하는 논리이다. '당의 유일사상체계 확립의 10대 원칙'은 북한에서 헌법과 일반법을 초월해서 북한체제를 규율하는 최고규범인 동시에 절대적인 사회통제 수단으로 기능하고 있다.

3. 김정일 시대 특성

김정일 정권 기간동안 주요 사건들과 통치의 특성들을 먼저 살펴보겠다. 그리고 인민보안부에서 이루어진 여러 가지 중요한 요인들을 분석하겠다. 기관명 변경 및 기관장 교체, 지휘구조의 변화, 공안기관간의 위상 변화 등이 대표적인 요인들이다. 특히 심화조 사건은 인민보안부의 위상 강화와 약화에 중요한 영향을 끼쳤다.

(1) 법무생활의 강조와 최고사령관 지위 활용

북한은 1992년 헌법개정을 통해 "국가는 사회주의법률제도를 완비하고 사회주의법무생활을 강화한다."는 규정을 추가 신설하였고(제18조제3항), 이에 따라 북한은 1990년대부터 소위 '사회주의 법제사업'을 강력히 추진해 왔다. 북한에서는 사회주의국가가 법을 강화하고 법치를 하여야 사회주의적 민주주의를 원만히 실현하고 인민들의 이익을 철저히 옹호할 수 있으며 사회주의제도를 지키고 사회주의강성대국을 성공적으로 건설해 나갈 수 있다고 한다.

한편 북한 수령제의 특성상 최고권력자의 교시는 현실에서 법보다 더 중요하게 작용한다. 이는 북한에서는 법이 정치의 수단으로 여겨지기 때문이다. 김정일은 "우리나라(북한)의 법은 우리 국가의 정책을 실현하기 위한 중요한 무기"라고 발언한 사례가 있다. 이에 따라 김일성 교시, 김정일 말씀 등이 북한에서 초법적인 규범들로 작용하고 있다. 2011년 통일부에서 실시한 설문조사 결과는 이러한 북한의 현실을 잘 보여주고 있다. 2011년 통일부에서 북한이탈주민 80명을 상대로 실시한 설문조사 결과 북한에 사는 동안 일상생활 속에서 가지는 힘의 순서가 무엇이었느냐는 질문에 대해 김정일 말씀 → 당의 명령 → 내각의 결정 → 노동당 간부 지시 → 헌법(일반법)의 순이라는 응답이 52.9%를 차지하였다. 설문조사 결과를 통해서 북한 주민들에 대한 법적 영향력은 김정일 말씀 · 지시가 절대적이라는 것을 알 수 있다.

김정일은 통치기간동안 최고사령관의 지위도 적극 활용하였다. 북한에서 최고사령관의 지위는 1972년 헌법 제93조에서 "전반적 무력의 최고사령관"이라는 개념으로 공식화되었다. 북한에서 전반적 무력의 범위는 정규 무력과 민간 무력 전체를 포함하는 것이다. 따라서 최고사령관은 단순히 북한 정규군에 한정된 의미의 군사지휘관이 아니라 북한내 일체 무력에 대한 최고 군사지휘관이라는 것을 의미한다. 즉 체제위기와 선군정치의 강조 등에 따라 법규보다는 최고사령관의 명령과 지시를 통한 통치를 선호하였다. 김정일의 최고사령관 통치 선호와 관련, 과거 북한의 공식 문헌들을 살펴보면 김일성은 최고사령관 시절, 대내 통치와 관련된 연설문이나 기념사에 거의 "당 중앙위원회와 공화국 정부 그리고 최고사령부 이름으로"라고 시작하는데 반해 김정일은 항상 "당총비서이시며 국방위원장이시며 최고사령관이신"으로 시작한다. 이것은 김일성이 형식적이나마 '집단지도'형식에 의한 통치를 중시했다면 김정일은 '단일지도'형식의 최고사령관 통치를 선호하고 있음을 의미한다.

(2) 법규 제정 및 개정

먼저 북한의 헌법 관련 내용을 간략하게 살펴보겠다. 북한은 조선인민공화국 창건 50주년을 기념해서 1998년 9월 5일에 최고인민회의 제10기 1차 전원회의를 개최하여 헌법을 개정했다. 그리고 1993년에 국방위원장으로 선출된 김정일을 다시 위원장으로 재추대하며 새로운 정권을 대내외에 선포했다. 개정된 헌법에서는 정부에 국가주석이 없고, 국방위원회 위원장이 국가 최고 직분을 맡는 형식으로 되어 있다.

이후 2009년 4월 9일 11년 만에 헌법이 수정 보충된다. 2009년 헌법 개정에서 무엇보다 가장 큰 특징은 국방위원회 위원장의 지위와 권한을 강화하여 국방위원장의 유일적 영도체계를 확립했다는 점이다.

> 제3조 조선민주주의인민공화국은 사람 중심의 세계관이며 인민대중의 자주성을 실현하기 위한 혁명사상인 주체사상, 선군사상을 자기 활동의 지도적 지침으로 삼는다.
>
> 제4조 조선민주주의인민공화국의 주권은 로동자, 농민, 군인, 근로인테리를 비롯한 근로인민에게 있다. 근로인민은 자기의 대표기관인 최고인민회의와 지방 각급 인민회의를 통하여 주권을 행사한다.

제8조 조선민주주의인민공화국의 사회제도는 근로인민대중이 모든 것의 주인으로 되고 있으며 사회의 모든 것이 근로인민대중을 위하여 복무하는 사람중심의 사회제도이다. 국가는 착취와 압박에서 해방되어 국가와 사회의 주인으로 된 로동자, 농민, 군인, 근로인테리를 비롯한 근로인민의 리익을 옹호하며 인권을 존중하고 보호한다.

제63조 조선민주주의인민공화국에서 공민의 권리와 의무는《하나는 전체를 위하여, 전체는 하나를 위하여》라는 집단주의원칙에 기초한다.

헌법 제1장제3조에서 선군사상을 주체사상과 함께 북한의 지도적 지침으로 공포하였다. 제4조와 관련하여 舊헌법에서는 주권이 노동자, 농민, 근로인테리와 모든 근로인민에게 있다고 하였으나 군인이 주권 대상자로 추가되었다. 선군사상과 선군정치를 뒷받침하는 용어의 추가로 분석된다.

인권적 측면과 관련된 헌법 개정의 특징은 인권 존중 및 보호를 명시하였다는 점이다. 헌법 제8조제2항에서는 북한 주민의 인권을 존중하고 보호한다고 규정하고 있다. 이전까지 북한은 인민보안단속법(제6조), 형사소송법(제5조), 변호사법(제2조) 등 하위의 개별 법규에서 '인권'을 규정하고 있었을 뿐이다. 현행 북한 헌법은 '제5장 공민의 기본 권리와 의무'에서 북한 주민들의 인권을 규정하고 있다. 그러나 북한에서의 인권 개념은 개인의 권리 보호에 주안점이 있지 않고 헌법 제63조에서 볼 수 있듯이 집단주의원칙에 기초하고 있다. 1년 뒤인 2010년 4월 9일에는 중앙재판소를 최고재판소로, 중앙검찰소를 최고검찰소로 명칭 변경하는 헌법 부분수정이 있었다.

2010년 말에 인민보안단속법의 개정 조문이 공개된다. 인민보안부의 기관 명칭이 사회안전부(사회안전성)일 때는 사회안전단속법이었으나, 2000년에 인민보안성으로 기관명이 변경된 후, 법령명칭이 인민보안단속법으로 변경되었다. 그리고 인민보안단속법이 최종 개정된 시점은 2005년 7월 26일이다.

인민보안부는 형사 책임을 추궁할 수준에 이르지 못한 법질서 위반 행위에 대해 인민보안단속법을 근거로 주민들을 단속한다. 그리고 단속된 자에 대해서는 행정처벌법에 따라 제재를 가한다. 행정처벌법은 ①경고, 엄중경고, ②무보수노동, 노동교양, ③강직, 해임, 철직, ④벌금, ⑤중지, ⑥변상, ⑦몰수, ⑧자격정지, 강급, 자격박탈을 행정처벌의 종류로 규정하고 있다. 이 중 무보수노동이 가장 많이 집행되는 것으로 파악된다.

인민보안단속법을 전체적으로 살펴보면 형식적인 면에서는 인권을 강화하였지만, 실제적인 내용면에서는 주민 통제를 강화하고 있음을 알 수 있다. 또 인민보안단속법의 개정 내용을 통해서 북한 경제의 어려움과 함께 북한 내부에 불안정한 요소들이 많음을 알 수 있다. 이러한 불안 요소들은 단기간에 해소되지 않고 장기화하거나 심화될 수 있다. 따라서 김정은 정권은 이에 대해 위기 의식은 가지고 있겠지만, 체제 안정을 위해서 유화정책과 병행하여 단기적으로는 주민들을 더욱 통제할 가능성이 높다. 특히 인민보안부는 기존의 정치적 위협 행위뿐만 아니라, 경제관련 행위와 월경 등에 대해서도 인민보안단속법을 적용하여 주민들을 강력하게 감시하고 단속할 것이다. 이에 따라 행정처벌법에 따른 무보수노동 및 노동교양, 형법에 따른 노동단련형 및 노동교화형 등의 처벌이 북한 주민들에게 증가할 것으로 예상된다. 그리고 북한은 2006년 10월 18일에 형사소송법을 개정하였다.

한편 북한은 2007년 12월 19일 형법부칙(일반범죄)이라고 하는 독특한 형태의 법을 제정하였다. 북한은 2004년 형법을 전면 개정하면서 국가전복음모죄, 조국반역죄, 테러죄, 민족반역죄 및 고의적중살인죄 등 제한적인 범죄에 대해서만 사형에 처할 수 있는 것으로 규정하고 있다. 그런데 북한이 2007년 형법부칙(일반범죄)을 제정하면서 사형 해당 범죄를 확대하여 북한 주민을 통제하고 체제를 보위하려고 하였다. 또한 형법부칙(일반범죄)상의 사형을 규정하고 있는 16개 조문은 공통적으로 '특히 무거운 경우' 또는 '극히 무거운 경우'라는 추상적인 용어를 사용함으로써 북한 당국에 의한 자의적인 해석의 가능성을 남겨두고 있다. 아울러 형법부칙(일반범죄)은 한 범죄자가 범한 여러 범죄행위의 정상이 특히 무겁거나 '개준성이 전혀 없는 경우' 사형에 처할 수 있다고 규정하고 있어 사형에 해당되지 않는 범죄라고 하더라도 북한 당국의 판단에 따라 사형에 처해질 수 있다는 문제를 안고 있다. 형법부칙(일반범죄)상의 사형관련 규정은 〈표 9〉와 같다.

2009년 형법에서는 사형의 범위를 확대하였다. 개정 전 형법에서는 국가전복음모죄, 테러죄, 조국반역죄, 민족반역죄, 고의적중살인죄에 대해 사형을 부과할 수 있도록 규정하고 있었다. 그러나 북한은 파괴암해죄에 대해서도 사형을 부과할 수 있도록 형법을 개정하였다.

4. 김정은 시대 특성

김정은은 권력을 승계한 이후 공안정치와 공포정치를 실시했다. 공안정치와 공포정치를 위해 김정은이 강조하는 것은 법정치이다. 그러나 김정은식 법정치는 '법치(rule of law)'가 아닌 '법에 의한 지배(rule by law)'이다. 그는 법규를 통해서 북한 사회를 통제하고 자신의 정권을 안정화시키려 했다. 그리고 1974년 김일성 시대에 제정된 「당의 유일사상체계 확립의 10대 원칙」을 「당의 유일적 령도체계확립의 10대 원칙」으로 2013년에 개정했다. 10대 원칙 개정을 통해 김정은은 김일성과 김정일을 절대화·우상화하고 자신의 독재를 제도적으로 보장하고 있다. 즉 백두혈통에 의한 권력세습을 정당화한 것이다. 또 북한은 정권의 정책과 북한 현실 등을 반영하여 사회통제와 관련된 법규 등을 정비하였다. 이를 통해 사회통제와 사상통제는 더욱 강화될 것으로 예상된다.

(1) 법정치의 강조

김정일이 사망한 이후 북한은 주민통제를 위해 2011년부터 공안통치를 실시하였다. 2012년 4월 11일 제4차 당대표자회의에서 공안계통의 인물들을 전면에 포진시켰다. 그리고 4월 13일 최고인민회의 제12기 회의에서 새롭게 구성된 국방위원회에서도 공안계통과 군수계통이 양 축을 이루었다.

북한은 2012년 11월 23일에 전국 분주소장 회의를 개최했다. 전국 분주소장 회의는 무려 13년 만에 열렸다. 그리고 12월 5일에는 '전국법무일꾼대회'를 개최하여 "온사회에 혁명적 법질서를 확립해야 한다."고 강조하였다. 전국 단위의 법무일꾼대회도 5년 만에 열렸다. 이러한 사례들을 통해서 김정은은 정권초기에 사회통제와 공안통치를 강화하고 있음을 알 수 있다.

〈표 9〉 **법정치 관련 증언 내용**

증언 일시	증 언 내 용
2012. 3. 20 (탈북자 A)	김정은이 법정치를 하겠다고 공포하여 단속이 강화됨.
2012. 7. 24 (탈북자 B)	김정일 사망 이후 법이 "기존보다 4배" 강화됨.
2012. 10. 23 (탈북자 C)	김정일 사망 이후 법이 강화되고 단속이 심해졌으며 검열이 증가함.
2013. 3. 19 (탈북자 D)	김정은이 법정치를 강조하면서 법에 의한 규율이 강화되었음. 이는 김정은이 법을 강하게 시행하여야만 정권을 유지할 수 있기 때문임.

출처 : 법정치 사례에 대한 북한이탈주민들의 증언내용을 토대로 재정리. 북한인권 백서 (2014) 표 Ⅲ-43, pp. 220~221.

북한에서 김정은식 법정치의 특성을 상징적으로 보여주는 대표적인 사건이 장성택 처형이다. 북한은 2013년 12월 8일에 장성택을 모든 직무에서 해임하고 모든 칭호를 박탈하였다. 이어 12월 12일에 국가안전보위부 특별군사재판을 진행하여 장성택에게 형법 제60조(국가전복음모죄) 등을 적용하여 사형을 판결하고, 곧바로 형을 집행하였다.

장성택을 정치범죄자로 구분하여 법원이 아닌 기관에서 재판을 진행하고, 피의자에게 상고할 기회조차 박탈한 것이다. 장성택 처형을 통해서 북한의 모든 국민들은 정당한 법과 절차에 의해서 보호받지 못한다는 것을 알 수 있다. 북한은 장성택 처형 등을 통해 공포정치를 실시하며 주민통제를 더욱 강화하고 있다. 이러한 북한의 정책 방향은 아래의 2014년 북한 신년사를 통해서도 잘 확인할 수 있다.

> 혁명적 규율과 질서를 강화하는 것은 우리 사회의 집단주의적 우월성을 높이 발양시키고 모든 사업에서 성과를 거둘 수 있게 하는 중요한 요인으로 됩니다.
>
> 모든 부문, 모든 단위에서 당의 정책과 방침, 국가의 법과 결정지시를 철저히 집행하며 모든 일꾼들과 근로자들이 우리 사회의 주인, 공화국 공민으로써의 높은 자각을 가지고 법 규범과 질서를 지키도록 하여야 합니다.
>
> 일꾼들이 혁명의 지휘성원, 인민의 충복으로서의 본분을 다하기 위하여 뛰고 또 뛰어야 합니다.

'혁명적 규율과 질서 강화', '당의 정책과 방침 및 국가의 법과 결정지시에 대한 철저한 집행', '법 규범과 질서 준수' 등의 표현들에서 법정치가 강화될 것으로 예상된다. 즉 향후 상당기간 북한은 사회통제 및 사상통제를 지속하며 정권의 안정을 위해 법을 통치 수단으로 적극 활용할 것으로 보인다.

(2) '당의 유일적 령도체계확립의 10대 원칙' 개정

북한은 1974년 4월 제정한 「당의 유일사상체계 확립의 10대 원칙」을 2013년 6월에 「당의 유일적 령도체계확립의 10대 원칙」으로 39년 만에 개정하였다. 「당의 유일사상체계 확립의 10대 원칙」과 「당의 유일적 령도체계확립의 10대 원칙」은 1974년부터 김일성에 대한 신격화와 더불어 어떤 법규보다도 북한 주민들을 실질적으로 지배하는 역할을 하고 있다. 부연하면 10대 원칙은 북한에서 헌법이나 노동당규약보다 상위에서 작동하면서 김정은의 유일 독재를 제도적으로 보장하는 통치규범으로 김일성 가계의 권력세습을 정당화하고 있다.

한편 김정은은 2013년 6월 19일 노동당과 군, 내각 등의 고위간부들을 모아놓고 유일영도체계 확립에 대해 직접 연설을 하였으며, 조선로동당출판사는 연설 내용을 묶어 「혁명발전의 요구에 맞게 당의 유일적 령도체계를 더욱 철저히 세울데 대하여」라는 제목의 소책자를 발간하였다. 이후 북한은 개정된 10대 원칙에 맞는 생활총화, 반성문 제출 강요 등 주민들에 대한 사상통제를 강화하였다.

「당의 유일사상체계 확립의 10대 원칙」과 개정된 「당의 유일적 령도체계확립의 10대 원칙」의 주요내용은 다음과 같다.

❑ 「당의 유일사상체계 확립의 10대 원칙」

1. 위대한 수령 김일성 동지의 혁명사상으로 온 사회를 일색화하기 위하여 목숨 바쳐 투쟁하여야 한다.
2. 위대한 수령 김일성동지를 충심으로 높이 우러러 모셔야 한다.
3. 위대한 수령 김일성 동지의 권위를 절대화하여야 한다.
4. 위대한 수령 김일성 동지의 혁명 사상을 신념을 삼고 수령님의 교시를 신조화 하여야 한다.

5. 위대한 수령 김일성 동지의 교시 집행에서 무조건성의 원칙을 철저히 지켜야 한다.
6. 위대한 수령 김일성 동지를 중심으로 하는 전당의 사상 의지적 통일과 혁명적 단결을 강화하여야 한다.
7. 위대한 수령 김일성 동지를 따라 배워 공산주의적 풍모와 혁명적 사업 방침, 인민적 사업 작풍을 소유하여야 한다.
8. 위대한 수령 김일성 동지께서 안겨 주신 정치적 생명을 귀중히 간직하며 수령님의 크나큰 정치적 신임과 배려에 높은 정치적 자각과 기술로써 충성으로 보답하여야 한다.
9. 위대한 수령 김일성 동지의 유일적 령도 밑에 전당, 전국, 전군이 한결 같이 움직이는 강한 조직 규율을 세워야 한다.
10. 위대한 수령 김일성 동지께서 개척하신 혁명적 위업을 대를 이어 끝까지 계속하며 완성하여 나가야 한다.

❑ 「당의 유일적 령도체계확립의 10대 원칙」

1. 온 사회를 김일성·김정일주의화 하기 위하여 몸바쳐 투쟁하여야 한다.
2. 위대한 김일성동지와 김정일동지를 우리 당과 인민의 영원한 수령으로, 주체의 태양으로 높이 받들어 모셔야 한다.
3. 위대한 김일성동지와 김정일동지의 권위, 당위 권위를 절대화하며 결사옹위 하여야 한다.
4. 위대한 김일성동지와 김정일동지의 혁명사상과 그 구현인 당의 노선과 정책으로 철저히 무장하여야 한다.
5. 위대한 김일성동지와 김정일동지의 유훈, 당의 노선과 방침관철에서 무조건성의 원칙을 철저히 지켜야 한다.
6. 영도자를 중심으로 하는 전당의 사상의지적 통일과 혁명적 단결을

백방으로 강화하여야 한다.

7. 위대한 김일성동지와 김정일동지를 따라 배워 고상한 정신도덕적 풍모와 혁명적 사업방법, 인민적 사업작풍을 지녀야 한다.
8. 당과 수령이 안겨준 정치적 생명을 귀중히 간직하며 당의 신임과 배려에 높은 정치적 자각과 사업실적으로 보답하여야 한다.
9. 당의 유일적 영도 밑에 전당 · 전국 · 전군이 하나와 같이 움직이는 강한 조직 규율을 세워야 한다.
10. 위대한 김일성 동지께서 개척하시고 김일성동지와 김정일동지께서 이끌어 오신 주제혁명 위업, 선군혁명 위업을 대를 이어 끝까지 계승 완성하여야 한다.

개정된 10대 원칙은 김정은의 유일적 영도체계 확립에 초점을 맞추고 있다. 특히 6원칙과 7원칙의 세부 조항에서는 김정은 정권의 권력 안정화 방안들을 구체적으로 명기하고 있다.

북한은 수령에 대한 충성을 끌어내기 위하여 일반 주민들에게 생활 총화를 통하여 10대 원칙을 철저하게 내재화시키고 있다. 조선노동당 생활총화 시에 발표자는 반드시 10대 원칙을 인용해야 하고, 일반총화에서도 발표자는 10대 원칙 몇 조 몇 항에는 이렇게 되어 있다고 인용해야 한다. 그리고 각종 생활총화에서 10대 원칙을 문답식으로 학습하며 주민들을 세뇌시키고 있다. 이처럼 북한은 수령유일지배체제를 유지하기 위해 유일사상 10대 원칙을 실현하기 위한 가능한 모든 입법과 조치를 취하고 있으며, 위반행위에 대해 처벌하고 있다. 이를 통해 북한의 모든 조직과 주민생활은 물론, 사상을 장악하고 통제하고 있다. 그렇지만 계속된 경제난과 생활고 탓에 북한 주민들은 10대 원칙을 크게 의식하지 않고 생활하는 것으로 전해진다. 예를 들어 주민들의 생활총화는 매우 형식적으로 진행되며, 뇌물 제공, 주민 항의 등도 발생하고 있다고 탈북자들은 증언하고 있다. 즉 국가차원에서 북한은 주민들에 대한 사상통제를 강화하려 하지만, 지배층의 의도와는 달리 주민들의 사상적 이완은 계속되는 것으로 보인다.

한편 10대 원칙은 자의적 해석이 충분히 가능하다. 따라서 북한 당국은 정치적으로 불만을 가진 사람들을 정치범 · 사상범으로 지목하여 처벌하는 수단으로 악용할 수 있다.

제5장

통제유형 특성

1. 김정은 정권 이전 통제유형

(1) 강제에 의한 통제

(가) 간첩사건 조작 및 심화조 활동

1997년 10월 8일 김정일은 조선노동당 총비서에 추대되었다. 김일성이 1994년 7월 9일에 사망한 후, 3년간의 유훈 통치 기간이 경과하자 김정일은 노동당의 최고 직위에 취임한 것이다. 김정일은 북한군에 대해서는 최고사령관, 국가에 대해서는 국방위원장 그리고 노동당에 있어서는 총비서에 추대됨으로써 군, 국가, 당을 모두 장악하는 막강한 권력을 가지게 된다. 그러나 김정일의 권력은 김정일이 사망한 1994년 이후에도 완벽하게 구축되지 않았다. 왜냐하면 노동당, 내각, 인민군 등 국가의 중요 직위들에는 김일성의 측근들이 여전히 건재했기 때문이다. 또 경제난과 식량 부족으로 아사한 북한 주민들이 3백만명을 넘어서고, '황해제철소 사건'과 같은 거대 반란 등이 빈번해지는 등 북한사회에 심각한 위기가 점점 확대되었다. 뿐만 아니라 황장엽 비서가 4월 20일에 한국으로 망명하는 등 고위층까지 북한을 탈출하면서 북한체제의 위기감은 더욱 증폭되었다. 이러한 체제 위기 상황을 극복하고, 권력기반을 절대화하기 위해 김정일은 대규모 숙청 사업을 준비했다. 김정일은 노동당 조직부 제1행정부부장인 장성택을 통해서 자신의 의지를 사회안전성(인민보안부)에 전달하고 특권을 부여했다. 이에 인민보안부는 '서관희 간첩 사건'과 '용성 간첩 사건'을 기획했다.

'서관희 간첩 사건'과 '용성 간첩 사건' 이후에 김정일은 인민보안부에 북한 주민 전체의 주민등록 문건을 요해하라는 지시를 내렸다. 특히 "내 주민등록 문건부터 요해하라"고 말하며, 김정일은 인민보안부에 북한 최고의 특권을 부여했다.

김정일의 지시에 따라 인민보안부는 각 도 · 시 · 군의 수사과와 감찰과의 유능한 안전원들을 선발하여 심화조를 결성했다. 심화조라는 명칭은 주민등록 요해를 심화한다는 뜻이다. 심화조의 총인원은 8천여명이었다. 평양 각 구역을 비롯한 전국 수백 개의 지방 단위마다 각각 수십 명의 엘리트 인원들로 심화조가 구성되고, 인민보안부에는 심화조 총지휘본부가 설치됐다. 심화조 지휘본부의 책임자는 인민보안부 정치국장 채문덕 대장, 지휘본부의 참모장에는 황진택 상장이 각각 임명되었다.

심화조는 김정일이 부여한 특권과 주민등록 요해라는 비과학적인 수사방법을 이용해 많은 사람들을 체포, 고문, 처형하는 등의 악행을 저질렀다. 심화조의 지휘부에서부터 일반 심화조 성원들까지 '간첩 소탕'을 명분으로 그들의 권력을 거침없이 행사했다. 특히 심화조 성원들과 관계가 좋지 않은 사람들은 대부분 고문으로 살해되거나 간첩 누명을 받게 되었다. 예를 들어 본부당 책임비서 문성술은 인민보안부를 관장하는 장성택과 원수지간이었고, 평안남도 책임비서 서윤석은 심화조 책임자인 채문덕에게 증오의 대상이었다. 그리고 북한의 '정치범 3대 멸족법'에 따라 간첩 판정을 받은 사람들은 본인뿐만 아니라 가족과 3대까지 정치범 수용소에 수감되었다. 이러한 심화조의 활동은 1997년 하반기에 시작되어 2000년까지 이어졌다. 심화조의 활동으로 숙청되고 고통을 받은 인원과 가족들은 약 2만 5천명으로 추정된다.

인민보안부(심화조)의 권력횡포와 허위과장 보고 등이 시간이 경과할수록 지나치게 과도해지자, 국가안전보위부 및 인민군 보위사령부가 합동으로 이를 견제하기 시작했다. 국가안전보위부와 보위사령부가 인민보안부의 권력전횡 등에 대한 보고서를 김정일에게 공동으로 제출했다. 김정일은 두 기관의 보고를 승인하고, 심화조에 대한 해산과 검열을 지시했다. 심화조 검열 이후에 심화조 주요 직책자 등을 포함한 수많은 보안원들에게 총살, 무기징역형, 10년형~20년형 등의 중형이 선고되거나 철칙, 추방 등이 집행되었다.

1997년에 시작된 인민보안부(심화조)의 활동을 통해서 김정일은 김일성 사후 노동당, 인민군, 내각의 권력 지형을 변화시키고, 김정일 자신만의 절대권력을 강화하는 큰 성과를 거뒀다. 김일성 사망 이후에 주체농법의 실패, 심각한 식량난, 배급제 중단, 수많은 아사자 발생 등으로 북한의 민심은 극도로 악화되었다. 이에 인민보안부는 서관희 간첩 사건을 조작하였고, 김정일을 대신하여 서관희는 북한 식량난 등에 대한 전체적인 책임을 본인이 고스란히 떠안고 공개 처형되었다. 또 인민보안부내에 심화조를 결성하여 당 · 군 · 내각의 중요 직위에 있는 김일성 측근들을 단시간 내에 제거하여, 김정일은 자신의 권력기반을 강화했다. 그리고 심화조에 대한 노동당 간부 및 당원, 북한주민들의 분노를 장성택과 채문덕에게 돌려서 장성택의 권력을 일정 기간동안 중지시키고, 채문덕은 처형하여 김정일 본인은 책임을 회피했다.

(나) 포고문을 활용한 통제

2011년 통일부에서 실시한 설문조사에서 북한에 사는 동안 법이라고 생각했던 것이 무엇이었느냐는 질문에 김정일 말씀 · 지시가 90.5%로 가장 높았고, 그 다음으로 인민보안부 포고문 86.5%, 헌법 · 형법 등의 국가법 79.7%, 국방위원회 명령 77%, 당의 방침 74.3%,「당의 유일사상체계 확립의 10대 원칙」71.6%, 내각 결정문 · 지시서 56.8% 순이었다. 이러한 설문조사 결과에서 보듯이 인민보안부의 포고문은 김정일 말씀 · 지시를 제외하고는 북한 주민들에게 실질적인 법규 기능을 하고 있음을 알 수 있다. 북한은 인민보안부의 포고문을 통해서 정권의 의지와 방향을 주민들에게 강력하게 전달한다. 또 1990년대 중반 극심한 식량난과 같은 사회 혼란 시기에도 포고문을 활용하여 주민들에게 강한 메시지를 보내고 북한 사회를 강력하게 통제했다.

〈그림 1〉 인민보안부(舊 사회안전부) 포고문

〔포 고〕
낟알을 훔치고 팔며 허실하는 자들을
엄격히 처벌함에 대하여

량곡은 인민들의 첫째하는 생활수단이며 나라의 가장 중요한 전략물자이다.

올해에 우리나라에서는 땅의 현명한 령도 밑에 전군 전민이 총동원되여 영농전후를 힘있게 벌림으로써 긴장한 식량문제를 풀고 〈고난의 행군〉을 승리적으로 결속할 수 있는 전망을 열어 놓았다.

그러나 일부 주민들은 극단한 개인리기주의에 사로잡혀 제살궁리만 하면서 군민이 피땀흘려 지어놓은 귀중한 낟알을 훔치거나 허시라며 량곡을 가지고 상적행위를 감행하고 있다.

이것은 나라의 쌀독을 침해하는 반국가적 범죄행위이며 우리 식 사회주의를 고립 압살하려는 적들을 도와주는 역적행위로서 준엄한 징벌을 받아야 한다.

사회안전부는 공화국정부의 위엄에 따라 낟알을 훔치거나 팔며 허실하는 행위를 철저히 없애기 위하여 다음과 같이 포고한다.

1. 낟알을 훔치는 행위를 절대로 하지 말라!
   낟알을 포전과 무지, 탈곡장, 창고(칭지)에서 훔치는 자는 법적으로 엄격히 처벌하며 전향을 변상시킨다.
   특히 엄중한 자는 총살한다.
   포전과 낟알부지, 탈곡장, 창고(칭지)들에 대한 자체 경비조직과 경비근무수행을 무책임하게 하여 량을 침해당하게 한자들도 법적으로 처벌하며 향곡을 경비원이 훔치거나 경비원과 공모하여 훔친 자는 더 엄중히 처벌한다.
   량곡을 훔치다가 피해당한 자는 상소할 수 없다.

2. 량곡을 가지고 장사하는 행위를 절대로 하지 말라!
   부정축재를 목적으로 많은 량곡을 가지고 장사행위를 한자는 총살에 이르기까지 법적으로 엄중히 처벌한다.
   국영 및 협동농장들과 부업지들에서 량곡을 훔쳐다 농민시장과 공공장소 뒤골목에서 팔고사거나 물건과 바꾼 자는 법적으로 처벌하며 거래된 낟알과 돈 물건을 회수한다.
   량곡을 가지고 고리대행위를 한자도 법적으로 엄격히 처벌하며 고리대로 주고 받은 량곡과 물자 돈은 전량 몰수한다.

3. 량곡을 탐오락취, 허실하는 행위를 절대로 하지 말라!
   량곡을 생산량에서 루락시킨 자와 〈사업〉, 〈지원〉, 〈손님접대〉, 〈물물교환〉 등 여러 가지 명목으로 비법처리하도록 조직한자와 집행한자, 작권을 악용하여 떼먹은 자 공모결탁하여 탐오랑비한 자들은 총살에 이르기까지 법적으로 엄중히 처벌하며 루락시켰거나 탐오락취한 량곡전량은 몰수 또는 변상시킨다.
   협동농장, 작업반, 분조, 농장원들과 기관, 기업소, 사회협동단체와 주민들 사이에서 비료, 농약, 농기계, 기름, 부속품, 집짐승 등을 량곡과 바꿈질하는 자는 법적으로 엄격히 처벌하고 거래된 량곡과 물자는 전량 몰수하며 가을에 량곡을 받기로 한 것은 일체 무효로 한다.

4. 모든 공민들은 숭고한 애국, 애족의 정신을 높이 발휘하여 량곡을 훔치거나 량곡 장사를 하며 탐오락취, 허실하는 자들을 예리하게 살피고 제때에 신고하라.

5. 이 포고를 어긴 자는 직위, 공로, 소속에 관계없이 현행범으로 단속체포하여 법에 따라 처벌한다.

조선민주주의인민공화국 사회안전부

1997년 8월 5일

(다) 공개처형 및 비밀처형의 실시

김정일은 1995년 초에 북한체제의 유지를 위해 체제를 위협하는 자들에 대해서는 공개처형을 실시하도록 인민보안부에 지시했다. 이에 인민보안부는 사회공동재산을 탐오하거나 파괴하는 행위, 농촌의 유일한 축력인 소를 잡아먹는 행위, 불법월경행위, 조직적인 시위, 폭력 등의 범죄행위를 엄격히 처벌하고 사안에 따라서는 공개처형을 실시하겠다는 내용의 포고문을 발표하고 전국적으로 공개처형을 대대적으로 실시했다.

북한은 1980년대 말까지 주민들을 교양하고 각성시킬 목적으로 도·시·군에서 평균 10년에 한 명 정도만 공개처형을 실시했다. 그러나 1990년대에 들어서 경제난이 심각해지고 사회혼란이 계속되자 김정일은 인민보안부에 공개처형을 지시한 것이다. 이에 따라 1995년부터 1998년까지 한 개 군에서 평균 10명에서 12명이 처형 되는 등 북한 전역에서 약 2천여명의 북한 주민들이 공개처형된 것으로 추정되고 있다. 이처럼 체제를 위협하는 주민에 대해서는 공개처형이 빈번히 실시되고 있으며, 인민보안부는 주로 일반범과 경제범에 대한 처형을 담당하고 있다. 그리고 2000년대에 들어서는 공개처형뿐만 아니라 교화소 등에서 비밀처형도 시행했다.

(2) 설득에 의한 통제

(가) 계급정책의 완화

'주민요해사업'이란 일반적으로 주민등록사업을 의미한다. 주민등록업무는 개인의 성장과정, 가족 및 호적관계 등을 1차적으로 정리하고 기본군중, 복잡군중, 적대계급 잔여분자 등으로 분류하여 관리하고 있다. 북한에서는 이러한 분류기준에 의거하여 각 계층별로 승진상한선을 규정하고 있으며, 한세대가 경과하면 승진상한선도 재조정된다. 공민등록업무는 주민등록과에 등록된 기초 자료를 토대로 출생증, 공민증 발급의 업무가 이루어지며, 북한 주민들은 17세가 되면 인민보안부에서 공민증을 교부받는다.

북한은 1984년 갱신하여 사용해오던 공민증을 1998년 2월부터 새로운 양면형 공민증으로 교체하였다. 기존 북한의 공민증은 17세 이상 모든 주민이 필수적으로 상시 휴대해야 하는 기본 신분증명서(수첩형 12면)로 인적사항, 직업, 거주 및 퇴거, 결혼, 가족관계, 전과유무 등이 기재되어 있었다. 1998년에 갱신한 공민증은 종전의 수첩형에서 양면형으로 형태가 바뀌고 직업, 거주 및 퇴거, 가족관계를 삭제한 대신 주체연호와 혈액형란이 추가된 점이 특징이다. 이러한 공민증이 없을 경우에는 외출 및 여행 등이 불가능할 뿐만 아니라 분실 및 미소지시 벌금이 부과된다. 공민증제도는 1946년 9월 1일부터 실시되었고, 지금까지 6차례('53, '58, '64, '74, '84, '98)갱신이 있었다. 북한의 공민증 교체는 사회분위기 쇄신의 일환으로서 식량난 등으로 장기간 거주지를 무단이탈하는 주민이 급증하고, 공민증 위·변조사건들이 빈발함에 따라 정확한 인구실태 파악과 효율적인 주민통제 및 위조행위를 방지하기 위해 실시되었다고 판단된다. 또한 공민증 휴대 및 발급절차를 간소화하고, 신분 검열시 신속한 파악이 가능케 함과 동시에 전쟁·폭동 등 비상시에 대비하기 위해 양면형 공민증으로 교체가 이루어 졌을 것이다. 또한 1997년 하반기에 김정일은 인민보안부에 북한 주민 전체의 주민등록문건을 요해하라는 지시를 하달하며 상당한 특권을 부여했다. 이후 인민보안부는 1997년부터 심화조를 결성하여 북한 주민들에 대한 주민등록 요해사업을 대대적으로 실시했다. 그러한 주민등록 요해사업의 연장선상에서 새로운 형태의 공민증 교체가 이루어진 것으로 보인다.

인민보안부는 주민요해사업을 통해서 주민들의 사상과 생활을 감시한다. 그리고 이를 북한 체제의 유지와 정권 안정을 위해서 활용한다. 따라서 주민요해사업은 북한체제를 유지시키는 가장 기초적인 사찰활동이면서, 북한주민들을 가장 효과적으로 통제하는 수단중 하나라고 평가할 수 있다. 이 사업을 통하여 사회통제의 기본자료가 작성되어 각 계층별로 성분이 분류되고, 그 분류에 따른 평가와 통제가 지속되는 것이다.

북한은 해방 이후 여러 차례에 걸쳐 성분조사사업을 실시하여 주민들을 출신성분과 사회성분별로 엄격히 구분하고 있다. 북한은 1970년 주민재등록사업시 북한주민들을 핵심계층, 동요계층, 적대계층으로 분류하여 관리해왔다. 그러나 1990년대 들어서는 북한주민들을 기본군중, 복잡군중, 적대계급 잔여분자로 새롭게 분류하였다. 이러한 주민요해사업을 통해서 사회통제의 기본자료가 작성되고, 북한 주민들에 대해 성분별로 관리와 통제가 이루어지고 있다.

북한은 고난의 행군 이전인 1990년대 초반 동유럽 사회주의 국가들이 붕괴하고 경제상황이 심각한 상황으로 전개될 기미가 보이자 체제유지를 위한 주민들의 일치단결을 도모하는 차원에서 계급적 차별정책을 완화하기 시작하였다. 그중의 하나가 소위 김정일의 '광폭정치'이며, 이는 김일성 사망 후인 1994년 11월에 발간된 '사회주의는 과학이다.' 등 김정일의 책자 등을 통해 널리 선전되었다.

(나) 의식화 사업 시행

심화조 사건은 1990년대에 북한사회에 엄청난 영향을 주었다. 그러나 김정일은 심화조 사건도 자신의 이미지를 대대적으로 새롭게 선전하는데 이용했다. 심화조 해산, 심화조 책임자들에 대한 처벌 등을 통해 인민보안부의 악행을 중단시키고, 인민의 큰 위기를 예방한 시대의 구원자로 자신을 포장하고 선전한다. 최고사령관 명령으로 정치범 수용소에 수감되어 있는 심화조 피해자 석방, 피해자 가족 상봉 모임 조직, 심화조 폭로 강연회 전국 개최, 사회안전성의 인민보안성 명칭 변경 등 이러한 일련의 조치들을 통해 김정일은 자신의 정치적 이미지를 새롭게 변화시키기 위해 노력했다. 그러한 활동을 바탕으로 노동당 선전선동부가 심화조 해산 이후에 김정일의 정치를 '사랑의 정치요, 믿음의 정치'라고 새롭게 홍보를 시작했다. 한편 북한에서는 김일성의 대범한 광폭정치와 믿음의 정치를 보여주는 역사적인 사례로 '민생단 사건'을 오랫동안 선전해왔다. 김정일은 심화조 사건을 현대판 '민생단 사건'으로 규정하고 자신을 시대의 구원자로 포장하고 자신을 김일성과 연관지어 선전(홍보)에 활용했다.

2007년 5월 15일 노동당 조직지도부로부터 '〈수령님〉과 〈장군님〉의 초상화에 대한 정성사업집행정형을 전면적으로 검열할 데 대한'지시가 내려졌다. 그날부터 평양을 비롯해 함경남도 함흥, 함경북도 청진, 양강도 혜산, 자강도 강계, 황해북도 사리원, 강원도 원산 등 전국 도 소재지와 그 외 주요 도시들에서 조선노동당 조직지도부 성원들이 나서서 간부들의 사무실과 개인 집을 검열했다. 그들은 노동당 간부뿐만 아니라 일반 주민들의 주택까지 검사하였다. 그들은 김일성과 김정일 부자의 초상화를 정중히 모시지 않거나, 먼지 등이 발견되면 명단을 상부에 올렸다. 그러면 인민보안부의 관할 보안서에서는 적발자들을 불러 훈시하고, 정황이 심각한 경우에는 2~3일 구류장에 수감하기도 하였다. 북한은 김씨 가계의 우상화를 위한 수단 중 하나로 김일성 · 김정일 초상화 관리를 매우 강조하고 있다. 주기적으로 노동당에서 관리 실태를 점검하고 초상화와 관련된 사상교양을 실시한다. 특히 초상화 검열에서 적발되면 인민보안부 등 사법기관이 행정처벌 등의 조치를 취한다.

2009년 6월 인민보안부(인민보안성)는 "법투쟁부문 일군들을 위한 참고서"를 발간했다. 인민보안부가 내부의 자료들을 정리해서 책자를 발행한 것은 매우 드문 사례이다. 인민보안부는 책자 발간을 통해 위법한 행위를 저지른 북한주민들에 대한 처벌과 교양 등을 위해 책자를 발행한 것으로 보인다. 또 북한사회에서 범죄가 계속 증가하는 현실도 반영된 것으로 분석된다. 이 참고서는 김일성과 김정일의 교시와 모범사례를 포함해 법의 해석작용에서 제기되는 사례 337개를 정황과 해답으로 구성하였다. 참고서에서 김일성과 김정일은 누구도 법을 위반할 권리가 없고, 위반하면 누구라도 법적 제재를 받아야 한다고 주장하고 있다. 또 법과 규정의 준수를 위해 철저한 사상교양과 처벌의 필요성을 역설하고 있다. 특히 최고지도자인 수령들도 솔선하여 법을 지키고 있다고 강조하고 있다.

인민보안부는 주민들에 대한 의식화사업을 위해 영화 상영, 전시 행사 등도 기획하고 실시한다. 심화조 사건을 추진하기 전에 인민보안부(당시 사회안전부)는 용성간첩사건을 조작했다. 그리고 '계급적 원수들은 아직도 변하지 않았다'라는 기록영화를 제작해서 당시에 매일 방송했다. 또 용성구역 보안부는 주민들에게 수사의 사실감과 정당성을 확보하기 위해 반간첩투쟁전람관에 용성간첩사건의 조작된 무기와 증거들을 전시했다.

(다) 우상화 사업 시행

북한에서 최고권력자의 힘과 영향력을 확인할 수 있는 대표적인 사례가 격려 편지와 사진이다. 최고권력자의 격려 서한을 받고 함께 사진을 찍는 것은 북한에서 본인(기관, 단체 등)이 특별한 존재라는 것을 인정받는 것이다. 북한에서 최고권력자와 연계되어 있는 개인, 기관, 단체 등은 상당한 지위 또는 권위를 인정받고, 경우에 따라서는 엄청난 권력을 계속해서 재생산할 수 있다. 최고권력자와 특별한 관계를 맺을 수 있는 대표적인 사례들이 '1호 사진', 현지 방문(지도), 김일성·김정일 격려 서한 등이다. 이러한 측면에서 인민보안부도 북한의 최고권력자인 김정일과 특별한 관계를 지속적으로 유지하고 대내외에 활용함으로써 이데올로기적 측면에서 그들의 권력을 계속해서 재생산하고 있다.

1970년 3월 29일 김정일은 인민보안부(당시 사회안전성) 정치국 보안원들 및 노동당 선전선동부 당원들과 담화를 가졌다. 그리고 1992년 11월 20일에는 인민보안부(당시 사회안전부) 산하의 사회안전부정치대착 창립 45주년을 기념하여 그는 교직원과 학생들에게 격려 서한은 보냈다. 인민보안부 보안원들과의 담화와 격려편지의 내용을 살펴보면 인민보안부와 인민보안사업에 대한 김정일의 관심과 강조사항들이 잘 표현되어 있다.

2009년 11월 하순 김정일은 인민보안부(당시 인민보안성) 본부를 직접 방문하여 주요 지휘관들을 격려하고 그들과 함께 사진 촬영을 했다. 김정일은 인민보안부 방문에서 여러 가지 중요한 지시를 하달한 것으로 분석된다. 북한은 2009년 11월 30일에 화폐개혁을 단행했다. 즉 화폐 개혁의 전격 시행을 앞두고 격렬한 주민 반발, 물가 폭등, 식량난 등으로 동요가 예상되는 북한사회를 사전에 통제하고, 김정은 후계 체제를 본격적으로 준비하기 위해 김정일이 인민보안부를 직접 방문한 것으로 보인다.

인민보안부는 정치국 선전부 산하에서 김정일화 온실을 직접 운영하며 김정일 우상화 작업에 활용했다. 또 미술창작과와 문예창작과는 김정일 찬양을 위한 미술작품, 문학, 음악, 영화 등을 만들고, 출판물 보급소는 김정일의 강연자료, 논문 등을 제작·배포하여 정치사상사업에 활용했다.

김정일은 매년 10억 달러의 통치 자금을 사용했고, 해외에 은닉한 비자금은 미화 40억 달러 규모로 알려져 있다. 김정일은 합법적으로 통치 자금을 확보하는 것이 어렵기 때문에 불법경제활동으로 비자금을 조성했다. 예를 들어 불법무기 국제 거래, 마약 재배 및 해외 유통, 위조담배 생산 및 해외 유통 등이다. 또 그는 노동당과 국가기관의 외화벌이 사업으로도

통지자금을 마련했다. 외화벌이 사업으로는 금·송이버섯 채취, 지하자원(석탄, 철광석 등) 수출, 건설 노동자(러시아, 중국, 이란, 아프리카 등) 임금 공제 등이 대표적인 사례들이다. 이처럼 다양한 형태로 조성된 통치자금으로 김정일은 개인 및 집안의 사치스런 생활이나 당·군·정부의 주요 간부들에게 주는 선물 구입비로 대부분 사용했다. 외화벌이 사업 중 인민보안부에서 담당하고 있는 부문이 위조지폐 생산이다. 위조 지폐는 평성상표 인쇄공장에서 제작된다. 인쇄공장에는 중대 규모의 인민보안부 보안원, 120여명의 생산기술 노동자, 특수부대원 등 300여명이 소속되어 있다. 미화 100달러 위조 지폐는 이른바 슈퍼노트로 불린다. 슈퍼노트 생산 비용은 지폐 한 장당 40센트 밖에 되지 않는다. 생산비용이 저렴하기 때문에 미국 등 국제사회의 경고와 감시에도 불구하고 북한은 위조지폐 생산을 계속하는 것이다. 북한의 위조지폐는 해외 체류 공관원이나 상사 주재원 등을 통해 현지 은행, 환전소에서 환전하거나 무역대금, 출장경비 등에 포함하는 방식으로 해외에 유통되고 있다.

북한에는 평양의 김정일 저택 수준의 초대소가 수십 개 있다. 또 강원도 원산, 함경남도 락원, 평안북도 창성 등에는 특각(별장)도 운영하고 있다. 그 중 김정일이 가장 자주 이용했던 곳이 원산 초대소다. 왜냐하면 원산 초대소에는 전용승마장, 영화관, 농구장 등의 시설을 완비하고 있으며 여름에는 다양한 해양스포츠를 즐길 수 있었고 겨울에는 사냥도 할 수 있었기 때문이다. 김정일과 김정은은 승마와 해양스포츠를 좋아했고 특히 김정은은 어린 시절부터 제트스키 등 고급 해양스포츠를 즐겨 했다. 2009년 인민보안부 소속 내무군은 평양과 지방 별장의 승마 시설을 대폭 개선하고 거액을 들여 승마산책로를 조성했다. 김정일은 2008년 뇌졸중을 앓은 뒤 승마를 할 수 없었기 때문에 인민보안부가 시공한 승마시설들은 김정은을 위한 것임을 알 수 있다. 또 미림승마장 등을 현지 지도하고 많은 지시를 내렸다는 점에서 승마에 대한 김정은의 관심과 선호를 알 수 있다. 2010년 7월 인민보안부 내무군은 김정일 집무실 인근에 있는 15호 관저를 철거했다. 그리고 약 1,734억원을 들여 호화로운 건물을 신축했다. 15호 관저는 김정은이 어린 시절 머물렀던 곳이기 때문에 향후 그의 공관으로 사용하기 위해 인민보안부를 통해 건물을 신축한 것으로 보인다.

2. 김정은 정권 이후 통제유형

(1) 강제에 의한 통제

(가) 탈북자 단속 강화

2012년 12월 17일 김정일 국방위원장이 사망하고, 북한은 12월 19일에 사망을 공식 발표했다. 사망 공식 발표를 전후해 김정은은 공안기관에 탈북자 저지 명령을 내렸다. 또 당시에 김정은은 탈북을 시도하는 북한 주민들에 대한 발포와 사살을 허가한다는 방침을 재확인했다. 김정은의 이러한 엄명은 김정일 사망에 따른 정보 통제의 강화, 내부 동요 방지, 외부와의 연락 차단, 외부 불순세력 잠입 대비 등을 위한 조치로 분석된다.

2013년에도 김정은은 북한 주민들에 대한 감시와 통제를 계속해서 실시했다. 특히 탈북자들에 대한 단속을 더욱 강화했다. 겨울 한파로 두만강이 얼어붙는 등 탈북에 취약한 시기가 도래하자 지역 담당 보안서(소) 책임 하에 근무 강화, 인민반 내에서 자체 불침번 운영, 탈북기도자 신고제 운영 등 예년보다 많은 대책들을 강구했다. 특히 함경북도 국경지역(회령시, 온성군, 무산군, 경원군, 경흥군 등)에는 1월 초부터 인민보안부 도보안국 보안원들이 증파됐다. 보안원들은 1월부터 3월까지 국경지역에 주둔하면서 주간에는 휴식을 취하고, 야간에는 순찰을 하면서 탈북자들에 대한 단속활동을 실시했다.

인민보안부 수장은 최부일 대장이며, 그는 인민군 총참모부 작전국장과 부총참모장을 담당했다. 최부일은 2월말에 대장에서 상장으로 강등되었다가 6월 10일에 대장으로 복귀했다. 최부일 인민보안부장은 대장으로 복귀하자마자 6월 19일에 탈북자와 관련된 특별담화를 발표했다. 특별담화에서 대한민국 정부가 탈북자들을 내세워 김정은 제1비서와 체제를 모독 및 왜곡하고 있다고 인민보안부는 주장했다. 그리고 "탈북자들을 물리적으로 제거하기 위한 실제적인 조치단행 결심"등의 발언으로 탈북자들을 위협했다. 이를 통해 인민보안부는 탈북자 단속 등을 강화하며 체제 안정 노력을 지속할 것으로 예상된다.

인민보안부 등 공안기관이 탈북자 단속에 적극적이라는 사실은 통계자료에서도 확인할 수 있다. 2006년에 탈북자 수가 2천명을 넘어선 후, 김정일 집권 기간인 2011년까지 매년 2,000명 이상의 탈북자가 대한민국에 입국했다. 그러나 김정은이 권력을 승계한 2012년부터는 탈북자 수가 1,500명 이하로 급감한다. 김정은이 강한 의지를 가지고 인민보안부, 국가안전보위부 등 공안기관들을 독려하고 있기에 변화된 현상이라고 분석된다.

하지만 북한의 어려운 경제 상황과 강압 정치 등으로 탈북 난민은 계속 이어지고 있다. 2011년에 탈북 난민은 1,052명, 망명신청자는 490명이었다. 2012년에 탈북 난민은 1,110명, 망명신청자는 1,027명으로 망명신청자가 전년도보다 2배 이상 증가하였다.

유엔난민기구(UNHCR)는 한국에 정착한 탈북자와 외국에서 난민 지위를 받아 영주권과 시민권을 획득한 탈북자는 통계에 포함하지 않았기 때문에, 실제 외국에 거주하는 탈북자 수는 UNHCR의 통계보다 많을 것으로 추정된다.

한편 중국 정부의 방침도 북한 주민들의 탈북에 큰 영향을 주었다. 중국 지린(吉林)성 옌벤 조선족 자치주에는 1만여명이 넘는 탈북자와 불법 취업 북한 주민 등이 거주하고 있는 것으로 알려져 있다. 그런데 2013년 5월 23일에 옌벤 조선족 자치주 공안국이 기자 회견을 열었다. 기자회견에서 옌벤 공안국은 5월 15일부터 10월 15일까지 불법 월경(越境) · 체류 · 취업 외국인 집중 단속 기간으로 설정해서 5개월 동안 대대적인 단속을 실시하겠다고 밝혔다. 또 외국인(북한 주민) 불법 월경과 범죄뿐만 아니라 외국 비정부기구(NGO)와 종교 조직 인사들의 각종 위법 행위도 조사하겠다고 공안국 출입국 관리처장이 언급했다. 옌벤 공안국의 단속은 중국이 전국적으로 실시 중인 산페이(三非) 단속의 하나였다. 그렇지만 중국 지방(자치) 정부의 외국인 단속은 탈북자와 그 지원단체 및 종교 단체에게 많은 압박으로 작용했다. 2014년에도 중국 정부의 탈북자 단속은 지속되었다. 2014년에 중국 공안부에 체포된 탈북자 수는 43명이다.(2014년 7월 기준) 43명의 탈북자 중 절반이 넘는 29명이 7월에 체포되었다. 또한 중국 공안부는 탈북자뿐만 아니라 중국인 및 한국인 탈북 지원활동가 등도 함께 체포하고 있다. 이러한 수치 등을 살펴볼 때, 공안부의 탈북자 단속은 계속해서 강화될 것으로 예상된다. 북한의 탈북자 통제 강화와 함께 중국 중앙정부 및 지방(자치)정부의 단속 실시 등으로 북한 주민들의 탈북 시도는 감소하고 탈북 이후의 생존환경도 열악하게 변화하고 있다.

김정은은 자신이 집권한 이후 북한 주민들에 대한 감시와 통제를 지속적으로 강화해 왔다. 2012년 10월에는 "공화국 내에 바늘 떨어지는 소리까지 철저하게 장악하라."고 발언했다. 특히 2013년 5월달에는 인민보안부를 직접 방문하여 24시간 경비체제를 구축하라고 지시했다.

그리고 2013년 상반기에 최부일 인민보안부장은 공개 석상에서 "다른 나라는 군대보다 경찰을 두려워하는데 우리 또한 게슈타포를 따라 이런 모습을 만들어야 한다."고 발언했다. 인민보안부장의 이러한 발언이 알려지면서 상호간 의심과 공포분위기가 고조되었다. 북한 체제에 대한 비판과 와해를 차단하고 내부 결속을 공고히 하기 위해 김정은은 탈북자 단속 등 주민 통제를 계속해서 강력하게 시행하는 것으로 보인다.

(나) 포고문을 통한 통제

북한 정부가 주민들을 통제하는 법적 수단으로는 인민보안단속법과 행정처벌법, 형법 등이 대표적이다. 인민보안부는 형사 책임을 추궁할 정도에 이르지 못한 법질서 위반 행위에 대해 인민보안단속법을 근거로 주민 등을 단속한다. 그리고 단속된 자에 대해서는 행정처벌법에 따라 제재를 가한다. 이러한 명문화된 법과 규정보다 주민들을 강력하게 통제하고 처벌하기 위해 북한이 활용하는 수단이 포고문이다. 인민보안부가 공표하는 포고문의 적용 기간은 한시적이지만, 처벌 수준이 최고 사형에 이를 정도로 엄격하기 때문에 북한 주민들에게 포고문은 공포의 대상이다. 북한은 인민보안부의 포고문을 통해서 정권의 의지와 방향을 주민들에게 강력하게 전달한다. 이러한 포고문은 2009년 화폐 개혁과 같은 사회 혼란 시기에 활용되어 주민들에게 강한 메시지를 보내고 북한 사회를 강력하게 통제했다. 김정은 정권에서는 외부영상물 반입, 유포, 시청 등에 대해서 포고문을 공표하고 강력한 처벌 등을 집행하며 주민 통제를 강화하고 있다.

〈그림 2〉 인민보안부(舊 인민보안성) 포고문

〔포 고〕

조선민주주의인민공화국 령역에서 외화를 류통시키는 자들을
엄격히 처벌함에 대하여

국가의 유일적인 화폐류통 질서를 철저히 지키는 것은 모든 공민들의 신성한 법적의무이며 민족의 자주권을 지키고 사회의 경제적 기초를 보호하기 위한 중요한 담보이다.

그러나 최근 일부기관, 기업소, 사회협동단체와 공민들은 국가의 화폐류통 질서를 란폭하게 위반하여 사람들이 사상정신 생활에 커다란 후과를 미치게 하고 있으며 건전한 사회 질서를 파괴하고 사회주의 경제관리 질서를 헝클어 놓고 있다.

이것은 국가와 인민의 리익을 침해하는 엄중한 범죄행위이며 강성대국 건설을 저해하고 우리식 사회주의 제도를 좀먹는 매우 위험한 해독행위이다.

인민보안성은 공화국 정부의 위임에 따라 국가의 화폐류통 질서를 엄격히 세우고 국내에서 외화를 류통시키는 범죄와 위법행위를 철저히 없애기 위하여 다음과 같이 포고한다.

1. 모든 기관, 사업소, 사회협동단체와 공민들은 국내에서 외화 현금을 류통시키는 행위를 일체하지 말라.
   1) 외화상점, 식당, 봉사소를 비롯한 모든 단위들에서 외화현금을 받고 진행하던 봉사를 일체 중지하고 우리 돈으로 봉사하라. 비행장, 국제려관을 비롯한 전문 대외봉사 단위들은 외국인들이 외화를 화폐 교환소에서 우리 돈으로 바꾸어 쓸 때에만 봉사하라.
   2) 국가 기관들이 외화로 받아들이던 각종 수수료과 운임, 료금 등을 우리 돈으로 받으라.
   3) 모든 무역기관(합영, 합작단위 포함)들은 수입한 상품을 국가계획에 따라 공급하며 계획에 없는 기관, 기업소, 사회협동 단체와 공민들에게 수입상품을 넘겨 주어 비법적인 외화류통을 조장시키는 모리간 상행위를 일체하지 말라.
   4) 모든 공민들은 외화를 반드시 화폐 교환소를 통하여 우리 돈과 바꾸어 쓰는 질서를 철저히 지키며 외화를 가지고 암거래, 자판장사, 고리대, 사기협잡, 거견, 밀수, 뢰물, 랙취 등의 범죄행위를 일체 하지 말라.
   5) 모든 기관, 기업소, 사회협동단체들에서 필요한 외화는 국가계획에 맞물려 보장받으라.
2. 국가가 승인해 준 단위들을 제외한 그밖의 모든 단위들의 국내 수출지표를 모두 없애며 국내기관, 기업소, 사회협동단체 상호간 비법적인 외화 무현금 거래를 일체하지 말라.

3. 해당 은행기관들은 외화와 우리 돈의 교환체계와 질서를 바로 세우고 교환사업을 책임적으로 하라.

4. 모든 기관, 기업소, 사회협동단체와 공민들은 비법적인 외화류통을 단속 통제하는 감독통제지관과 일꾼들의 사업을 간섭하거나 방해하는 행위를 절대로 하지 말며 국내에서 비법적으로 외화를 거래하는 행위를 보면 즉 사법기관에 신고하라.

5. 이 포고문을 어긴 기관, 기업소, 사회협동단체는 경영활동과 영업을 중지히키거나 해산하고 거래한 돈과 물건을 몰수하며 외화로 물건을 팔고 사는 자, 외화암거래, 고리대, 거간, 뢰물행위를 비롯하여 비법적으로 외화를 류통하거나 략취한 자, 그러한 행위를 조직하거나 묵인조장 시킨 자에 대해서는 거래한 돈과 물건을 몰수하고 엄중성 정도에 따라 사형에 이르기까지 법적으로 엄격히 처벌한다.

6. 이 포고는 국가의 모든 기관, 기업소, 사회협동단체(무력 및 특수기관 포함)와 공민들, 외국인들에게 2010년 1월 1일부터 적용한다.

조선민주주의인민공화국 인민보안성
주체 98(2009)년 12월 28일

(다) 공개처형의 활용

김정일 사망 이후에 정권을 승계한 김정은은 공안기관에 탈북자 저지 명령을 내렸다. 그리고 탈북 기도자에 대해서는 총기 사용과 사살을 허가하는 강력한 지침도 함께 하달했다. 또 "북한 곳곳에서 총소리가 울리게 하라"고 지시하며, 공개처형을 예고하는 극단적인 발언들을 집권 초기부터 쏟아냈다.

김정은 집권 이후 공개처형 횟수는 2012년 17건, 2013년 40건이다. 시간이 경과할수록 공개처형 빈도는 증가하고 있다. 특히 자신의 고모부이자 권력 2인자였던 장성택에 대해서도 단기간에 조사와 재판을 하고 사형을 집행하였다. 그리고 이 과정들을 대내외에 공개함으로써 처형과 숙청의 범위에는 제한이 없다는 것을 보여주었다.

마약(빙두) 거래에 대한 공개 처형은 2011년에 처음으로 확인되었고 북한은 대량의 마약 밀수 밀매에 대해 사형을 선고할 수 있도록 2012년에 형법을 개정하였다. 이에 2012년에는 마약관련 범죄에 대해 공개처형이 주로 이루어 졌다. 2013년에도 공개처형은 지속되고 횟수도 증가했다. 2월에는 전국 단위에서 마약 밀매 관련자에 대한 공개처형이 집중적으로 이루어졌고, 10월에는 불법 외부 녹화물 관련자에 대한 공개처형이 집행되었다. 12월에는 리용호 행정부 제1부부장과 장수길 부부장을 공개처형하고 장성택에 대해서도 사형 집행과 관련된 내용을 대내외에 공개했다.

(2) 설득에 의한 통제

(가) 탈북자 회유정책 시행

북한은 탈북 단속을 강화함과 동시에 탈북자들에 대한 체포, 송환, 재입북, 설득 등의 포섭(회유)정책도 병행하고 있다. 김정은은 2012년 12월 "탈북자들을 다시 북한에 데려와서 잘 살게 하라"고 직접 지시했다. 김정은 지시 이후에 인민보안부 등 공안 기관들은 인민반 등을 중심으로 탈북자 재입북을 위한 선전활동을 강화했다. 그리고 탈북자 가족들에게 재입북을 유도하도록 적극적으로 설득하고 있다.

포섭정책 등으로 재입북한 탈북자 수는 2013년 2월 기준으로 200여명으로 추정된다. 재입북 탈북자들은 기자회견, 강연회 등의 방법을 통해 북한 체제의 선전 수단으로 이용되고 있다. 그리고 이용 가치가 없어지면 그들은 처형되거나 불이익을 받으며 살아가야 한다. 2013년 5월 라오스에서 북한으로 강제 북송된 탈북청소년 9명의 경우가 탈북자 처리에 대한 김정은의 의지를 확인할 수 있는 대표적인 사례이다.

탈북자의 경제적 문제가 가장 큰 탈북 동기이기에 북한 당국은 재입북한 탈북자들에게 식량, 의복 등 물질적 수단들을 제공하는 것으로 확인되었다. 또 회령 등 탈북이 많이 발생하는 지역에 대해서는 배급을 재개하였다.

여러 통계자료 등을 살펴보면 탈북자 인원 감소, 북한 송환 및 재입북 인원 증가세가 뚜렷하게 나타난다. 북한 당국의 강력한 단속과 함께 재입북 탈북자들에 대한 물질적 수단 제공, 잠재적 탈북 가능 인원들에 대한 다양한 선전 활동 등이 병행되었기에 변화된 현상이라고 분석된다.

(나) 유화정책의 병행

인민군 최고사령관으로 추대된 김정은은 2012년 1월달 북한 주민들에 대해 유화적인 정책들을 발표한다. "돌부처가 아닌 이상 죄를 지을 수 있다."며 대규모 사면을 실시한 것이 대표적인 예이다. 다만 특별 대사령에서 중국에 아이를 두고 있거나 인신매매 관련 혐의를 갖는 탈북자들은 대상에서 제외하였다. 그리고 김정일 사망이후 애도기간에는 타지역으로의 이동 및 여행 등이 금지 또는 대폭 제한되었다. 그러나 애도기간이 경과한 후에는 이동 제한 등의 조치를 상당히 완화하였다. 김정일 사망 이후에 김정은이 권력을 승계한 집권 초기에는 민심이 불안정하기 때문에 주민 동요를 방지하고 내부의 지지를 얻기 위해 제한적인 대국민 유화책을 사용한 것이다.

김정은은 북한 사회에서 특별한 정치적 성과를 올리지 못한 상태에서 단기간에 권력을 승계했다. 그러한 김정은이 북한의 지도자로 인정받기 위해 초기에 선택한 전략은 '할아버지 김일성 모방하기'이다. 미제국주의에 승리했다는 김일성 신화와 그의 손자라는 혈연관계를 내세워 정권의 정통성을 구축하려 했다. 또 냉전시대에 김일성이 사용했던 빨치산식 대남도발, 대미항전의 전략을 김정은 본인도 유사하게 사용하고 있다는 인식을 대내외에 선전했다.

그리고 외모도 과거의 김일성이 연상되도록 유사하게 연출하고 있다. 대표적인 부분이 두발 형태와 체형이다. 또한 김정은은 무릎 수술 등으로 2014년 하반기에 약 40일 동안 모습이 공개되지 않았다. 그의 비공개 기간이 길어지고, 쿠데타설 등 여러 유언비어들이 확산되자 11월 4일 지팡이를 짚고 현지지도를 하는 모습이 로동신문에 개재되었다. 비공개 전에는 다리를 절며 행사에 참석하는 모습 등을 방송과 신문에 보도함으로써 다리가 불편함에도 불구하고 지도자의 사명을 다하고 있다는 이미지를 선전했다. 과거에 김일성도 건강이 좋지 않던 시기에는 지팡이를 사용하며 현지 시찰 또는 지도를 한 전례가 있다. 그러한 김일성의 과거 행적과 모습을 고려하면 김정은의 지팡이 현지지도도 연출되고 의도된 공개 형태라고 할 수 있다. 또한 김정은은 현지 지도시 과거 김일성의 복장, 행동, 도구 사용(지팡이, 사진기 등) 등을 유사하게 연출하고 보도 매체들을 통해 선전했다. 이를 통해 김정은은 김일성의 후계자라는 의식을 북한 주민들에게 반복적으로 각인시키려고 노력하고 있음을 알 수 있다.

북한의 이러한 이미지 정치를 반영해서 인민보안부도 정치사상(의식화) 사업을 적극적으로 수행하고 있다. 북한은 정치사업을 "간부들과 당원들과 군중을 하나의 사상의지로 무장시켜 당과 수령의 두리에 묶어세우며 그들을 당 정책관철에로 불러 일으키는 조직정치사업"이라고 규정하며 '당의 최우선사업'으로 설정하고 있다. 즉 정치(정치사상) 사업이란 북한 주민들을 수령(김정은)과 노동당노선에 복종, 순응토록 하는 의식화 사업이라고 할 수 있다. 의식화 사업은 인민보안부 정치국에서 총괄하며, 직할시·도의 경우 해당 보안국 정치부, 시·군의 경우 해당 보안부 정치부에서 담당한다.

인민보안부 정치국 선전부 산하에는 김일성혁명사상연구실이 있다. 연구실에서는 조선 혁명의 시조라는 김일성의 사상 즉 김일성주의를 연구한다. 연구실에서 정리된 김일성 관련 내용을 김정은과 결합하여 각종 선전선동(홍보) 작품을 만들고 자료를 준비한다. 미술창작과와 문예창작과는 미술작품, 문학, 음악, 영화 등을 만들고, 출판물 보급소는 선동 및 강연자료 등을 제작·배포한다. 북한은 김일성, 김정일, 김정은 가계를 '만경대 가문'으로 표현한다. 만경대 가문에서는 3대에 걸쳐 벼루를 물려주며 명필 글씨체도 계승한다고 선전했다. 김일성의 서체는 태양서체며 5살 때 붓글씨 '조선독립'을 썼고, 김정일의 서체는 백두산서체며 어린 시절에 만경대고향집을 찾아 '김일성장군 만세'라는 글을 남겼다고 한다. 김정은은 아버지의 백두산서체를 따라 배웠고, 명필 서체도 완벽하게 이어받았다고 북한은 선전했다. 더 나아가 북한 주민들은 수령복, 태양복, 장군복 뿐만 아니라 명필체복까지 누리고 있다고 표현했다.

2012년 7월 26일 리설주가 실명과 함께 김정은 부인으로 처음 공개되었다. 김정은과 리설주는 북한 주재 중국 대사인 류홍차이 부부, 서양인들과 함께 평양 시내의 능라 유원지를 둘러보고 놀이기구를 타는 사진들이 공개되었다. 즉 김정은은 외교관들을 만나면서 동부인하는 국제 외교 관행에 따르는 형태로 배우자 리설주를 공개한 것이다. 리설주는 젊고 세련된 외모를 연출할 수 있기 때문에 북한의 이미지 정치를 위해 향후 공식적인 행사에 자주 등장했다. 리설주 공개를 통해 김정은은 비밀주의를 탈피하고 대내외적으로 새로운 이미지로 다가가기 위해 노력하고 있다. 그리고 리설주가 양장 입은 모습을 통해 북한이 반서양적이지 않다는 메시지를 외부에 표현하고 있다. 또 북한주민들에게도 부드럽고 친근한 인상을 전달하려는 의도가 포함되어 있다.

김정은은 군부대뿐만 아니라 경제(건설) 현장도 자주 방문했다. 예를 들어 마식령 스키장, 유원지, 승마장, 아파트, 병원, 식당 등을 방문했다.

이러한 현장 방문 또는 지도 등을 통해 주민 생활환경에 관심이 많고, 김정은 정권에서 국가의 생활수준이 향상되었다고 선전해오고 있다. 한편 북한 주민들에게 '차별적 보상'이라는 정책도 선전하고 있다. 탈북자들에 대해서는 강력하게 단속하고 처벌을 실시한다. 반면 김정은 정권에 충성하는 주민들에게는 수준 높은 생활환경을 향유할 수 있게 해주겠다는 것이다. 하지만 김정은이 방문한 문화 및 복지 시설의 대부분이 평양시에 위치하고 있다는 점에서 북한 정권의 혜택은 평양 시민 등 일부의 우호세력들에게만 제공되고 있다.

백두혈통(김일성 손자), 만경대 가문, 배우자 공개, 차별적 보상 등 김정은과 관련된 이미지와 정책을 홍보하기 위해 인민보안부는 인민반을 통해 주민들에 대한 의식화사업을 적극적으로 수행하고 있다.

(다) 우상화 사업 시행

비록 김정은은 나이가 젊고 권력을 승계한지 얼마 되지 않았지만, 북한에서 절대 파워를 지닌 최고권력자다. 2011년 28살의 나이로 권력을 승계했지만 북한 권력구조상 무소불위의 권력을 행사함에 있어 아무런 제약이 없다. 북한에서 최고권력자의 힘과 영향력을 확인할 수 있는 사례 중 하나가 바로 '1호 사진'이다. 또 최고권력자와 특별한 관계를 맺을 수 있는 대표적인 사례들이 현지 방문(지도), 김일성 · 김정일 훈장 수훈 등이다. 이러한 측면에서 인민보안부도 새로운 통치자인 김정은과 특별한 관계를 지속적으로 유지하고 대내외에 홍보함으로써 그들의 권력을 계속해서 재생산하고 있다.

먼저 2013년 2월 인민보안부장에 임명된 최부일은 2011년 12월 김정일 국가장의위원회 위원이었으며, 2012년 2월에 김정일 훈장을 받았다. 2013년 5월(5.1절 즈음) 김정은은 인민보안부를 직접 방문하여 격려하고, 여러 가지 중요한 지시를 하달했다.

인민보안부는 조선인민내무군협주단을 운영하고 있는데, 2013년 5월 김정은과 리설주는 협주단 공연을 함께 관람한다. 2013년 9월 협주단의 음악무용종합공연인 〈선군은 나의 조국〉, 북한정권수립65돌 경축을 기념한 협주단의 공연도 김정은은 모두 관람했다. 2013년 4월 15일 김일성 주석 100회 생일(태양절) 기념일에는 인민보안부 내에 김일성과 김정일 동상을 제막하고, 노동신문 1면에 이를 개재하는 등 관련내용을 대대적으로 보도했다.

인민보안부는 정치국 산하에 사적지 관리소를 직접 운영하며 선전 · 선동 활동에 활용하고 있다. 사적지 관리소에서는 김일성 동상 등을 포함하여 각종 혁명사적지를 관리한다. 그리고 김정일 사망 이후에는 북한 주요 기관과 장소에 추가로 설치되고 있는 김정일 동상도 관리하고 있다. 북한은 동상 등 각종 우상화물과 전시성 건설에 5억 달러의 재원을 집중 투입했다.

인민보안부에서는 과거부터 인민보안부정치대학을 운영해 왔다. 이 대학에서는 2년에서 4년과정으로 보안부 간부 양성 및 보안원들에 대한 교육을 담당하고 있다. 인민보안부정치대학은 2012년에 김정일인민보안대학으로 대학 명칭을 새롭게 변경하였다. 그리고 김정일이 사망하고 김정은이 집권한 2012년에 공식적으로 대학 명칭이 변경되었다는 점도 중요한 의미가 있다. 김정은도 아버지 김정일처럼 인민보안부를 효과적으로 활용하여 정권 초기에 본인의 권력 기반을 안정화하려는 의지가 있음을 알 수 있다. 또 인민보안부가 김정일에게 충성했듯이 김정은 자신에게도 계속해서 충성을 지속하기를 기대하는 심리를 표현했다고 분석된다.

안정적인 권력 승계를 위해 김정은은 화폐 개혁을 주도했다. 화폐 개혁 이전에는 북한 전체 인구의 약 30%정도가 중산층이었는데 화폐 개혁으로 북한의 중산층이 많은 타격을 받았다. 또 북한 주민들이 소유하고 있던 구권 중 10만원 이상의 돈은 모두 재산 가치를 상실하게 되었다. 화폐개혁에 후속하여 외화사용금지 조치가 시행되었다. 외화(달러와, 위안화 등)는 은행에서 신권으로 교환해서 사용하며 심지어 외국인들조차 외화를 사용할 수 없게 사용이 금지되었다. 북한이 외화사용금지 조치를 취한 이유는 국제사회의 대북금융제재로 어려워진 달러 사정을 해결하기 위한 것이었다. 그러나 달러나 위안화를 소유한 사람들 대부분은 권력엘리트들이었다. 따라서 외화사용금지 조치로 일반 주민들뿐만 아니라 권력엘리트들까지 김정은에게 반감을 가지게 되었다.

화폐 개혁에 따른 주민들의 불만이 계속되자 북한 지도부는 3대 세습 승계작업에 대한 우려도 증가했다. 이에 김정은은 화폐 개혁 역풍을 막기 위한 여러 조치들을 감행했다. 2010년 1월 28일 김영일 내각 총리가 평양시내 인민반장들 앞에서 화폐개혁문제에 대해 직접 사과를 했는데 이는 북한에서 대단히 이례적인 일이다. 2월 1일 전국적으로 시장 통제를 풀어서 모든 물품에 대한 거래를 허용하고 외화사용금지조치도 해제하였다. 3월 화폐개혁을 주도했다는 명분으로 박남기 노동당 계획경제부장을 숙청하였다. 4월 춘궁기에는 전례없이 군 비축미인 2호 창고 쌀을 주민들에게 공급했다. 1990년대 후반 수많은 아사자가 발생하는 상황에서도 군량미를 방출하지 않았다. 따라서 유래 없이 군량미를 주민들에게 공급할 정도로 북한 민심이 극도로 악화되었음을 알 수 있다. 화폐 개혁의 부작용은 심각했다. 화폐개혁 후 1년 동안 쌀값이 20원에서 75배인 1,500원으로 올랐다. 즉 북한경제에 엄청난 인플레이션이 발생한 것이다.

화폐 개혁의 시행은 북한 사회에 심각한 혼란을 야기했고, 일반 주민뿐만 아니라 권력엘리트들도 최고권력자에 대해 큰 불만을 가지게 되었다. 이러한 불만을 무마하기 위해 북한 당국은 심지어 군량미도 방출하고 박남기 재정계획부장 등을 처형하였다. 혼란에 빠진 북한 사회와 불만, 분노로 가득한 북한 주민들을 통제하기 위해 인민보안부는 사회통제를 철저히 시행하고, 동시에 선전선동활동도 강화했다. 즉 김일성 가계의 권력 승계와 화폐 개혁 등과 같은 김정은 관심사업에 인민보안부가 중요한 역할을 했다고 판단된다.

3. 통제유형의 변화

(1) 강제에 의한 통제

(가) 통제기관의 변화

김정일 시대에는 통치자의 권력 강화를 위해 인민보안부가 중요한 역할을 수행했지만, 김정은 시대에는 국가안전보위부가 그 역할을 담당했다. 김일성 사망 이후 1990년대 후반 김정일은 체제 위기를 극복하고 새로운 정권을 안정화 시켰다. 특히 인민보안부의 심화조 활동이 김정일 권력 강화에 큰 기여를 했다. 그러나 심화조 검열 및 해산 이후에 인민보안부의 위상은 하락했다. 반면 선군정치의 영향으로 2000년대에는 군 보위사령부가 김정일 체제 유지에 큰 역할을 했다.

한편 화폐 개혁 등 김정은 후계 구도 준비 과정에서 인민보안부가 또다시 중요한 역할을 수행했다. 또 김정은 집권 초기에도 장성택의 비호아래 인민보안부는 사회통제를 효과적으로 실시했다. 그렇지만 김정은 유일체제 확립을 위해 장성택과 측근들을 숙청하는 과정에서는 국가안전보위부가 주도적인 역할을 했다. 특히 김원홍 국가안전보위부장은 선군정치시대에 인민보안부 등의 업무 범위까지 권한을 확장하며 사회통제에 큰 영향력을 행사했던 군 보위사령부 대장출신이다.

통치자의 절대권력을 강화하기 위한 통제기관들의 역할 변화과정을 시기에 따라 자세히 살펴보면 다음과 같다. 1990년대 중반 북한은 식량난, 에너지난, 자재난 등으로 경제위기가 매우 심각해졌다. 경제위기로 북한 사회가 정부의 통제에서 벗어날려는 움직임이 증가하자 정권유지에 불안을 느낀 북한은 강제에 의한 통제를 더욱 강화하는 조치들을 시행했다. 즉 인민보안부 등 물리력을 보유한 공안기관들을 보다 적극적으로 활용하기 시작했다. 한 북한이탈주민은 "고난의 행군 시절 인민보안부나 국가안전보위부에 의한 통제가 더욱 강화되었다. 북한당국의 통제가 무너졌다면 수백만 명의 아사가 발생하지 않았을 것이다. 북한 당국이 인위적으로 통제의 강도를 조절할 수는 있겠으나, 통제가 불가능한 것은 아니었다." 고 증언하였다.

김정일은 경제난에 따른 체제 위기 상황을 극복하고, 자신의 권력기반을 강화하기 위해 인민보안부(당시 사회안전성)를 통해 '희생양'을 기획하고 처형하게 했다. 김정일은 먼저 노동당 조직지도부 제1부부장인 장성택을 통해 자신의 의도를 인민보안부에 전달하고 특권을 부여했다. 첫 번째 희생양은 서관희 노동당 중앙위원회 농업담당비서였다. 인민보안부에 의해 서관희는 비료 유출 경제범에서 미국과 남한의 간첩으로 조작되었다. 1997년 9월 서관희는 평양 시내에서 인민재판을 받고 현장에서 공개 처형되었다. 그는 김정일을 대신하여 식량난과 아사자 발생 등에 대한 책임을 고스란히 떠안고 처형된 것이다. 두 번째 희생자들은 주로 김일성 시대의 노동당 간부들이었다. 이를 위해 인민보안부는 용성간첩사건을 추가로 조작했다. 용성 간첩 사건이란 한국전쟁 당시 11명의 북파간첩들이 평양시 용성구역 건지리에 침투하여 최고사령부를 폭파하려 했는데 작전을 실패했고 간첩들은 북한 내부에 침투했다는 내용이다. 용성간첩사건을 통해 이봉원, 피창엽 등이 숙청되었고, 심지어 사망하여 혁명열사릉에 안장되어 있던 김만금 前 농업부장에게는 공개재판 이후에 무덤을 파헤쳐 유골에 사격을 가하는 상황까지 발생했다.

인민보안부는 '서관희 간첩 사건'과 '용성 간첩 사건'을 유사한 방법으로 수사했다. 인민보안부의 수사발표에 의하면 6·25전쟁기간동안 서관희의 경력에 한 달간의 공백이 있었으며 공백 기간을 조사한 결과, 서관희는 한 달 동안 남한의 임무와 훈련을 받았다는 것이다. 또 인민보안부 보안원들은 용성구역 주민들의 경력을 집중적으로 분석하고 경력 기만 또는 이상흔적이 있는 주민들을 잠복간첩으로 조작했다. 잠복간첩으로 지목된 사람 대부분은 노동당 간부들이었다. 인민보안부의 수사 방법은 매우 비과학적이었다. 6·25전쟁 등 혼란 시기에는 경력 관리, 문서 보존 등이 제대로 이루어질 수 없기 때문이다. 따라서 인민보안부의 사건 처리는 의도된 정치적 조작이었다고 할 수 있다.

김일성 사망 이후에 식량난 등으로 북한은 심각한 체제 위기에 봉착했었다. 예를 들어 당시 김책시의 인구가 17만 명이었는데 하루에 200여명의 노동자가 아사할 정도로 북한의 식량 사정은 좋지 않았다. 이에 북한의 민심은 극도로 악화된 상태였고 서관희는 김정일 등 북한지도부를 대신하여 식량난 등에 대한 책임을 지고 공개처형된 것이다. 또 '서관희 간첩 사건'을 통해 식량난의 원인이 미국과 남한에 있다는 인식을 북한 주민들에게 심어주고 외부 세력에 증오심을 유발시킴으로써 김정일 정권은 정치사상적 효과도 달성했다. 그리고 노동당 간부들이라면 무조건 충신일 것이라 믿고 그들을 따르던 북한 주민들에게 일련의 간첩 사건 등을 통해 노동당 간부들 중에도 간첩이 있을 수 있다는 조작된 정치적 분위기를 확산시켰다. 이렇게 형성된 사회적 분위기를 바탕으로 김정일은 인민보안부 내에 심화조를 만들었고 당·군·내각 안의 중요 직위에 있는 정적과 김일성 측근들을 단시간에 제거했다.

하지만 심화조 검열 및 해산 이후에 인민보안부의 위상은 하락했다. 심화조의 만행이 엄청났기에 인민보안부를 향한 노동당 간부 및 당원, 주민들의 원성과 분노는 매우 높았다. 김정일도 이러한 사회적 분위기를 인식했기 때문에, 당시 장성택의 권력을 중지시키고 심화조 지휘부 및 보안원들을 처형 또는 숙청한 것으로 보인다. 또 그는 "인민을 탄압하는 기관이 아닌 인민의 생명과 재산을 보호하는 기관이 되라"고 언급하며, 기관 명칭을 사회안전성에서 인민보안성으로 변경했다. 그렇지만 1990년대 후반 인민보안부(심화조)의 활동을 통해서 김정일은 본인의 절대권력을 강화하는 큰 성과를 거뒀다. 이러한 성과를 바탕으로 김정일은 북한의 체제위기를 극복하고 세대교체를 통한 자신만의 새로운 정권을 안정적으로 운영하게 되었다.

한편 인민보안부는 1990년대 초반부터 2000년대 중반까지 소위 '비사회주의 타파 그루빠(비사그루빠)'에서 구성체의 한 기관으로 사회통제를 지속했다. 비사그루빠는 경제위기 이후 북한에서 발생하고 있는 체제질서 문란 행위를 단속하고 불순한 외부사조 유입 등을 차단하기 위해, 환언하면 비사회주의적 현상을 타파하기 위해 일정한 범위 안에서 수사권을 갖고 있는 조직이었다. 비사그루빠의 구성은 사회단체 위주로 하는 경우도 있지만 인민군 보위사령부가 주축이 되어 인민보안부, 국가안전보위부, 검찰소, 재판소 인원 등으로 대규모 합동 그루빠의 형태를 띠는 경우가 대부분이었다. 이처럼 선군정치의 영향으로 2000년대에는 인민보안부의 위상이 낮아지고 군 보위사령부의 위상이 높아졌다고 분석된다.

2008년 8월 김정일이 뇌졸중으로 쓰러졌다. 이처럼 김정일 건강 변수가 갑자기 발생하자 북한은 사회 전반에 통제를 더욱 강화했다. 그리고 김정일 후계 구도도 본격적으로 준비하기 시작했다. 후계 구도 준비사업 중 하나로 2009년 11월 30일 북한은 화폐개혁을 전격적으로 시행했다.

현금 교환비율은 100:1로, 교환한도는 가구당 10만원 · 1인당 5만원으로 기준이 설정되었다. 북한 당국은 화폐 개혁의 목적에 대해 표면적으로는 인플레이션 압력의 완화라고 내세웠다. 그러나 실제 정치적인 목적은 화폐개혁을 통해 1990년대 이후 지속적으로 악화되어 온 국가재정을 회복해 경제개발 자금을 마련하기 위한 것이다. 뿐만 아니라 국가주도의 경제운영체제를 확고히 함으로써 김정은 후계체제의 안정적 구축을 위한 경제적 기반을 조성하기 위한 것이었다. 그동안 지나치게 팽창한 화폐유통량을 줄이고, 과도해진 시장기능을 억제하면서 사회주의 계획경제부문을 정상화하겠다는 것이 북한이 화폐개혁을 실시한 목적이었다.

인민보안부는 화폐 발행 임무도 담당하고 있다. 따라서 화폐개혁시기에 인민보안부는 새로운 화폐 발행 등의 기본 임무를 수행했다. 뿐만 아니라 화폐개혁정책에 반발하는 북한 주민들을 억압하고 처벌하는 통제의 기능도 수행했다. 예를 들어 화폐개혁 및 통화유통과 관련된 포고문 등을 발표하고, 공개처형 등의 방법으로 위법자들을 강력하게 처벌했다. 특히 화폐 개혁 준비와 집행에 있어서 인민보안부가 중요한 부분들을 담당하고 있었기 때문에 정책의 시행을 앞두고 김정일은 인민보안부를 직접 방문한 것으로 보인다. 그러나 화폐개혁은 공급의 부족으로 인한 물가의 폭등과 엄청난 인플레이션, 재산을 상실한 주민들의 격렬한 반발로 실패로 끝났다. 북한당국은 화폐개혁 실패의 책임을 박남기 노동당 재정기획부장과 측근들에게 돌려 그들을 공개 총살하였다.

김정은 정권하에서도 인민보안부는 장성택의 득세에 따라 높은 위상을 계속 유지했다. 그리고 김정은 정권의 안정을 위해 사회통제 기능을 충실히 수행했다. 대표적인 예가 탈북자 단속 및 포섭, 외부 녹화물 단속 강화, 공개처형 지속 실시 등이다. 이러한 인민보안부의 역할과 공로를 치하하기 위해 2013년 5월 김정은은 인민보안부를 직접 방문하여 최부일

부장 등을 격려했다. 그리고 김정은은 리설주와 함께 인민보안부에서 운영하는 조선인민내무군협주단 공연을 함께 관람했다. 인민보안부 방문시 김정은은 인민보안부에 24시간 경비체제 구축 등 사회 통제 강화 지침들을 내렸다. 이후 최부일 부장은 탈북자 관련 특별 담화 발표, 독일 히틀러 시대의 게슈타포관련 발언 등을 하며 북한 사회에 공포분위기를 조성했다. 그러나 2013년 12월에 열린 노동당 중앙위원회 정치국 확대회의에서 김정은의 고모부 장성택은 모든 직무에서 해임되고 일제 칭호를 박탈당하며 노동당에서 출당 및 제명 조치를 당했다. 그리고 12월 12일에 국가안전보위부에서 열린 특별군사재판에서 국가전복음모죄에 따른 사형을 선고받고 처형되었다. 체포 이후에 단기간의 조사, 단심 재판과 사형 등으로 장성택 숙청의 일련의 과정은 속전속결로 진행되었다.

장성택의 처형 배경에 대해서는 정치적 후견인 제거, 권력투쟁에서의 패배, 개인 및 측근 비리 등 여러 가지 해석이 분분했다. 그러나 국가정보원은 2013년 12월 국회 정보위원회에서 장성택 처형의 직접적인 원인은 석탄 등 경제적 이권 사업을 둘러싼 갈등이 비화되어 일어난 사건이라고 보고했다. 즉 기관 간 이권 갈등 및 장성택 측근들의 월권 문제가 장기간 누적된 상황에서 김정은이 시정 지시를 했지만, 그의 이권 개입 조정 지시가 거부되자 유일 영도체계 위반으로 장성택 처형이 이루어 졌다는 것이다. 권력기관간 이권 갈등 등 경제적인 부분이 발단이 되어 장성택이 제거되었지만 그의 처형에 따른 후폭풍은 경제뿐만 아니라 정치적인 영역으로 확대되었다. 2013년 12월부터 2014년 4월까지 1차적으로 장성택 측근 인사 숙청이 이루어졌고, 앞으로도 장기간에 걸쳐 숙청작업은 계속 진행될 것으로 예상된다. 그리고 노동당 등 조직적인 측면에서도 큰 변화들이 발생했다. 장성택 처형 이후 인민보안부를 담당하던 부부장을 포함하여 행정부 부부장들 모두가 처형되거나 수용소에 수감되었다. 그리고 중앙당 및 지방당 행정부는 완전히 해체되었다. 해체된 행정부의 조직과 기능은 조직지도부가 흡수하고, 조직지도부는 북한 최고의 핵심 권력기구로 자리 잡는다. 이 과정에서 장성택 숙청에 기여했던 국가안전보위부의 권한은 강화되고, 인민보안부의 위상은 약화되었다.

한편 인민보안부장 최부일(함북 회령시)은 장성택(함북 청진시)과 같은 함경북도 출신으로 장성택 계열로 분류되던 인물이다. 그러나 그는 장성택 숙청과정에서도 인민보안부장과 국방위원회 위원에 계속 유임되었다. 최부일 유임 등을 통해서 김정은은 그를 기본적으로 신뢰한다고 판단된다. 또 노동당 행정부 해체와는 관계없이 인민보안부의 통제 기능을 계속해서 활용하겠다는 김정은의 정책 방향도 알 수 있다. 또 최부일 부장은 2014년 4월 9일에 개최된 최고인민회의 제13기 제1차회의에서 법제위원장으로 선임되었다. 따라서 그는 주민통제와 관련된 법규들을 정비하고, 비법자(법규 위반자)들에 대한 단속 및 처벌들을 강력하게 시행할 것으로 예상된다.

(나) 포고문 활용의 지속

2011년 통일부에서 북한이탈주민들을 대상으로 실시한 설문조사 결과에서도 볼 수 있듯이 인민보안부의 포고문은 김정일 말씀 · 지시와 함께 북한 주민들에게 실질적인 법규 기능을 하고 있다. 북한은 인민보안부의 포고문을 통해서 정권의 의지와 방향을 주민들에게 강력하게 전달했다. 김정일은 1995년 초에 북한체제의 유지를 위해 체제를 위협하는 자들에 대해서는 공개처형을 실시하도록 인민보안부에 지시했다. 이에 인민보안부는 사회공동재산을 탐오하거나 파괴하는 행위, 농촌의 유일한 축력인 소를 잡아먹는 행위, 불법월경행위, 조직적인 시위, 폭력 등의 범죄행위를 엄격히 처벌하고 사안에 따라서는 공개처형을 실시하겠다는 내용의 포고문을 발표했다. 또 2009년의 화폐 개혁과 같은 사회 혼란 시기에도 활용되어 주민들에게 강한 메시지를 보내고 북한 사회를 강력하게 통제했다. 김정은 정권에서도 외부영상물 반입, 유포, 시청 등에 대해서 포고문을 공표하고 강력한 처벌 등을 집행하며 주민 통제를 강화하고 있다.

북한은 "형법에서 범죄로 규정한 행위에 대해서만 형사 책임을 지우도록 한다"고 규정에 명시하고 있다.(형법 제6조) 그러나 이러한 형법 규정에도 불구하고 포고문, 지시문 등을 통하여 사형 및 중형 등의 형벌이 집행되는 현상이 지속되고 있다.

(다) 공개처형과 비밀처형의 병행

북한은 공개처형을 통해서 공포분위기를 조성하고 사회 통제를 강화하고 있다. 즉 공개처형을 통해서 안정적인 권력 승계와 정권 유지를 도모하고 있다. 김정일은 1995년 초에 북한체제의 유지를 위해 체제를 위협하는 자들에 대해서는 공개처형을 실시하도록 인민보안부에 지시했다. 이에 인민보안부는 공개처형이 포함된 내용의 포고문을 발표하고 전국적으로 공개처형을 대대적으로 실시했다. 북한은 1980년대 말까지 주민들을 교양하고 각성시킬 목적으로 도 · 시 · 군에서 평균 10년에 한 명 정도만 공개처형을 실시했다. 그러나 1990년대에 들어서 경제난이 심각해지고 사회혼란이 계속되자 김정일은 인민보안부에 공개처형을 지시한 것이다. 이에 따라 1995년부터 1998년까지 한 개 군에서 평균 10명에서 12명이 처형 되는 등 북한 전역에서 약 2천여명의 북한 주민들이 공개처형된 것으로 추정되고 있다. 이처럼 체제를 위협하는 주민에 대해서는 공개처형이 빈번히 실시되고 있으며, 인민보안부는 주로 일반범과 경제범에 대한 처형을 담당하고 있다. 그리고 2000년대에 들어서는 공개처형뿐만 아니라 교화소 등에서 비밀처형의 형태로 사형이 계속 집행되었다. 김정은 집권 이후 공개처형 횟수는 2012년 17건, 2013년 40건으로 시간이 경과할수록 공개처형 빈도는 증가하고 있다. 또 비밀처형도 김정은 시대에 지속되는 것으로 보인다.

(2) 설득에 의한 통제

(가) 유화정책의 병행

1990년대 체제 위기를 어느 정도 극복했기 때문에 김정일은 자신의 정권을 보다 안정적으로 운영하기 위해 유화정책들을 시행했다고 분석된다. 북한은 김정일의 인덕정치와 광폭정치를 강조하며 주민들에게 적극적으로 선전하였다. 이를 통해 경제난, 공포정치 등으로 경직된 북한 주민들의 지지를 획득하고, 충성심을 유발하기 위한 의도로 보인다. 김정일은 선군정치를 통해 군을 우대하고 군부의 지지와 충성을 이끌어 내었다. 즉 그는 자신의 정권 유지를 위해 '군심'을 확보한 것이다. 이와 함께 공포정치, 심화조 사건, 계급 정책 등으로 북한 체제에 저항할 가능성이 높아진 북한 주민들의 민심을 다독이기 위해 유화정책도 시행했다고 판단된다. 그리고 심화조 사건 등을 통해서 김정일은 정치범들에 대해서는 사형, 수용소 격리 등 무자비한 처벌들을 시행했다. 반면 탈북자들에 대해서는 처벌 수위가 상대적으로 엄격하지 않았다. 왜냐하면 식량난 등 심각한 경제적 어려움 때문에 경제적 동기를 가진 탈북자 또는 탈북 기도자들에 대해서는 비교적 관대했다. 또 수많은 아사자들이 발생하는 상황에서 탈북 관련 주민들을 효과적으로 통제하는 것이 현실적으로 어려웠을 것으로 판단된다.

김정은은 집권 초기에 북한 주민들에게 유화적인 정책들을 시행했다. "돌부처가 아닌 이상 죄를 지을 수 있다."며 대규모 사면을 실시한 것이 대표적인 사례이다. 또 김정일 사망이후 애도기간이 경과한 후에는 타지역으로의 이동 제한 조치를 완화하였다. 김정일이 사망하고 김정은이 권력을 승계한 집권 초기에는 민심이 불안정하기 때문에 주민 동요를 방지하고 내부의 지지를 얻기 위해 제한적인 유화정책들을 사용한 것으로 분석된다. 그리고 김정은 정권에서 북한은 탈북 단속을 강화함과 동시에 탈북자들에 대한 체포, 송환, 재입북, 설득 등의 포섭(회유)정책도 병행하고 있다. 포섭정책 등으로 재입북한 탈북자 수는 2013년 2월 기준으로 200여명으로 추정된다. 재입북 탈북자들은 기자회견, 강연회 등의 방법을 통해 북한 체제의 선전 수단으로 이용되고 있다. 김정은은 2012년 12월 "탈북자들을 다시 북한에 데려와서 잘 살게 하라"고 직접 지시했다. 김정은 지시 이후에 인민보안부 등 공안 기관들은 인민반 등을 중심으로 탈북자 재입북을 위한 선전활동을 강화했으며 탈북자 가족들에게 재입북을 유도하도록 적극적으로 설득했다. 여러 통계자료 등을 살펴보면 탈북자 인원 감소, 북한 송환 및 재입북 인원 증가세가 뚜렷하게 나타난다. 북한 당국의 강력한 단속과 함께 재입북 탈북자들에 대한 물질적 수단 제공, 잠재적 탈북 가능 인원들에 대한 다양한 선전 활동 등이 병행되었기에 변화된 현상이라고 분석된다. 김정은은 김정일과 달리 탈북자 통제를 철저히 실시하였다. 김정은은 단속뿐만 아니라 회유 정책도 병행할 정도로 탈북자 관련 문제에 적극적이었다. 김정은은 탈북 증가 현상을 경제적 차원의 문제가 아닌 정치적인 측면에서 접근했다. 즉 탈북 증가 현상을 계속 방치할 경우 체제에 위협이 될 수 있는 정치적 요인으로 김정은은 인식했을 것이다. 따라서 재입북 탈북자들에 대해서는 물질적 수단(식량, 의복 등)을 제공하고, 탈북 빈도가 높은 지역에 대해서는 배급을 재개하였다. 이처럼 북한은 탈북 문제를 해결하기 위해 강제적 통제뿐만 아니라 재입북 유도, 인민반 등을 통한 선전활동 강화, 탈북자 관련 가족 및 친인척 설득 등의 다양한 회유 정책을 시행했다. 이러한 회유 정책을 통해 북한은 탈북자 통제에 대한 정당성을 확보하려는 것으로 분석된다. 탈북자에 대해서 김정은의 의지가 매우 강하기 때문에 이러한 유화정책들은 상당 기간 지속될 것이다.

한편 북한은 김정은이 주민 생활 및 복지 부문에 관심이 많다는 점을 적극적으로 홍보해 오고 있다. 특히 관련 시설 또는 건설 현장 등을 자주 방문했다. 스키장, 승마장, 유원지, 아파트, 병원, 식당 등이 대표적인 사례들이다. 북한은 정권에 순응하는 주민들에 대해서는 수준 높은 생활환경을 향유할 수 있다는 점을 꾸준히 선전했다. 그러나 김정은이 방문한 문화 및 복지 시설의 대부분이 평양시에 위치하고 있다는 점에서 북한 정권의 혜택은 평양 시민 등 일부의 우호 세력들에게만 제공되고 있다. 즉 북한의 이러한 유화 정책들은 차별적 보상이라는 정책을 보기 좋게 포장한 것이라고 표현할 수 있다.

(나) 정치사상 사업의 변화

심화조 사건은 북한 최대의 숙청사건으로 1990년 중후반 북한사회에 엄청난 영향을 주었다. 당시 인민보안부는 심화조 사건을 본격적으로 추진하기 전에 용성간첩사건을 먼저 조작했다. 그리고 북한 주민들에 대한 의식화를 위해 용성간첩사건에 대한 기록영화를 제작 및 방송하고 조작된 무기와 증거물에 대한 전시 행사 등을 기획하고 실시했다. 그러나 김정일은 심화조 사건조차도 자신의 이미지를 새롭게 선전하는데 이용했다. 심화조 해산, 심화조 지휘성원들에 대한 처벌 등을 통해 인민보안부의 악행을 중단시키고, 인민의 큰 위기를 예방한 시대의 구원자로 자신을 포장하고 선전했다. 최고사령관 명령으로 정치범 수용소에 수감되어 있는 심화조 피해자 석방, 피해자 가족 상봉 모임 조직, 심화조 폭로 강연회 전국 개최, 사회안전성의 인민보안성 명칭 변경 등이러한 일련의 조치들을 통해 김정일은 자신의 정치적 이미지를 새롭게 변화시키기 위해 노력했다. 그러한 배경을 바탕으로 심화조 해산 이후에 김정일의 정치를 '사랑의 정치요, 믿음의 정치'라고 북한은 대대적으로 홍보를 시작했던 것이다. 북한에서는 김일성의 대범한 광폭정치와 믿음의 정치를 보여주는 역사적인 사례로 '민생단 사건'을 오랫동안 선전해왔다. 김정일은 심화조 사건을 현대판 '민생단 사건'으로 규정하고 자신을 시대의 구원자로 포장하고 자신을 김일성과 연관지어 홍보에 활용했다.

한편 북한은 김씨 가계의 우상화를 위한 수단 중 하나로 김일성·김정일 초상화 관리를 매우 강조하고 있다. 주기적으로 노동당에서 관리 실태를 점검하고 초상화와 관련된 사상교양을 실시한다. 특히 초상화 검열에서 적발되면 인민보안부 등 사법기관이 행정처벌 등의 조치를 취한다. 2007년 노동당 조직지도부가 김일성과 김정일 초상화에 대한 전면적인 검열을 실시했다. 평양을 비롯한 전국 도 소재지와 주요 도시들에서 조선노동당 조직지도부 성원들이 나서서 노동당 간부들의 사무실과 개인 주택, 일반 주민들의 주택 등을 검사했다. 검열 이후 김일성과 김정일 부자의 초상화를 정중히 모시지 않거나, 먼지 등이 발견된 사람들에 대해서는 상부에 명단이 통보되었다. 그리고 관할 인민보안부에서는 적발자들을 호출하여 훈시하거나, 정황이 심각한 경우에는 며칠 동안 구류장에 수감하였다.

2009년 6월 인민보안부(인민보안성)는 "법투쟁부문 일군들을 위한 참고서"를 발간했다. 인민보안부가 내부의 자료들을 정리해서 책자를 발행한 것은 매우 드문 사례이다. 인민보안부는 책자 발간을 통해 위법한 행위를 저지른 북한주민들에 대한 처벌과 교양 등을 위해 책자를 발행한 것으로 보인다. 또 북한사회에서 범죄가 계속 증가하는 현실도 반영된 것으로 분석된다. 이 참고서는 김일성과 김정일의 교시와 모범사례를 포함해

법의 해석작용에서 제기되는 케이스 337개를 정황과 해답으로 구성하였다. 참고서의 내용중에 김일성과 김정일은 누구도 법을 위반할 권리가 없고 위반하면 누구라도 법적 제재를 받아야 한다고 주장하고 있다. 또 법과 규정의 준수를 위해 철저한 사상교양과 처벌의 필요성을 역설하고 있다. 특히 최고지도자인 그들도 솔선하여 법을 지키고 있다고 강조하고 있다.

북한은 이미지 정치를 강조하는데 이를 반영해서 인민보안부도 정치사업, 즉 의식화 사업을 적극적으로 수행하고 있다. 의식화 사업은 인민보안부 정치국에서 총괄하며, 직할시 · 도의 경우 해당 보안국 정치부, 시 · 군의 경우 해당 보안부 정치부에서 담당한다. 특히 김정은은 북한 사회에서 특별한 정치적 성과를 올리지 못한 상태에서 단기간에 권력을 승계했다. 따라서 김정은이 북한의 지도자로 인정받기 위해 초기에 선택한 전략은 할아버지 김일성 및 아버지 김정일 등을 모방하는 것이었다. 미제국주의에 승리했다는 김일성 신화와 그의 손자라는 혈연관계를 내세워 정권의 정통성을 구축하려 했다. 또 냉전시대에 김일성이 사용했던 빨치산식 대남도발, 대미항전의 전략을 김정은 본인도 유사하게 사용하고 있다는 인식을 대내외에 선전했다. 그리고 외모도 과거의 김일성이 연상되도록 유사하게 연출하고 있다. 대표적인 부분이 두발 형태와 체형이다. 김정은이 공식 석상에 처음 등장했을 때 김일성과 유사한 외모에 노동당 간부들조차 깜짝 놀랐다는 내용도 전해졌다.

인민보안부 정치국 선전부 산하에는 김일성혁명사상연구실이 있다. 연구실에서는 조선 혁명의 시조라는 김일성의 사상 즉 김일성주의를 연구한다. 연구실에서 정리된 김일성 관련 내용을 김정은과 결합하여 다양한 선전선동 자료들을 제작 및 배포하고 있다. 김정은의 만경대가문에서는 3대에 걸쳐 물려오는 벼루가 있으며 심지어 글씨체도 계승한다고 선전했다. 특히 김정은은 김정일의 백두산서체를 완벽히 계승했다고 미화했다.

2012년 7월 리설주가 실명과 함께 김정은 부인으로 처음 공개되었다. 리설주는 젊고 세련된 외모를 연출할 수 있기 때문에 북한의 이미지 정치를 위해 향후 공식적인 행사에 자주 등장했다. 북한은 리설주 공개를 통해 비밀주의를 탈피하고 대내외적으로 새로운 이미지를 선전하기 위해 노력하고 있다.

김정은은 군부대뿐만 아니라 건설현장도 자주 방문했다. 예를 들어 마식령 스키장, 유원지, 승마장, 아파트, 병원, 식당 등을 방문했다. 이러한 현장 방문 또는 지도 등을 통해 주민 생활환경에 관심이 많고, 김정은 정권에서 국가의 생활수준이 향상되었다고 선전해오고 있다. 그리고 북한 주민들에게 '차별적 보상'이라는 정책도 선전하고 있다. 요컨대 탈북자들에 대해서는 강력하게 단속하고 처벌을 실시하지만, 김정은 정권에 충성하는 주민들에게는 수준 높은 생활환경을 향유할 수 있게 해주겠다고 선전했다. 하지만 김정은이 방문한 문화 및 복지 시설의 대부분이 평양시에 위치하고 있다는 점에서 북한 정권의 혜택은 평양 시민 등 일부의 우호세력들에게만 제공되고 있다. 백두혈통, 배우자 공개, 차별적 보상 등 김정은과 관련된 이미지와 정책을 홍보하기 위해 인민보안부는 인민반을 중심으로 생활총화, 정치학습, 강연회 등을 지속적으로 활용하고 있다.

김정은은 과거 히틀러시대의 나치 독일을 다양하게 활용하려 하고 있다. 즉 나찌 독일의 선전선동정책을 연구하고 유사하게 시행했다. 2013년 초반 김정은이 히틀러의 「나의 투쟁」 서적을 주요 간부들에게 선물하였는데, 나찌 정권에 대한 김정은의 관심을 알 수 있는 대표적인 사례이다. 특히 독일이 제1차 세계대전 패전 이후에 짧은 기간 동안 경제를 재건하고 국방력을 강화시킨 부문에 대해 김정은이 주목하는 것으로 보인다. 또 국제체육행사의 유치 또는 참가, 체육성과 홍보를 통한 체제 선전효과, 체육 강조를 통한 정치적 불만 완화 및 주민 단결 효과 등도 나찌 독일의 정책과 유사한 내용들이다.

한편 김정은이 아버지 김정일과 차별화를 추구하는 부분들도 있다. 김정일은 육성 연설을 1회만 실시하였다. 그러나 김정은은 노동당 총비서 추대 때 처음으로 공개 연설을 한 후 여러 행사장에서 직접 공개 연설을 하였다. 즉 김정일은 외부로의 공개를 최소화하는 신비주의 전략을 구사했다. 반면 김정은은 군인, 주민들과 직접 스킨십을 하며 친근한 대중적 이미지를 선전하려고 했다. 미국 NBA출신 농구선수 데니스 로드먼 초청 행사, 태극기의 북한 방송 노출 허용, 외국 기자단 초청 및 행사 공개 등 김정일시대와는 다른 파격적이고 과감한 형태를 자주 보여 주었다.

(다) 우상화 사업의 시행

인민보안부는 김정일시대에 정치국 선전부 산하에서 김정일화 온실을 직접 운영하며 매년 전시회를 개최했다. 또 미술창작과와 문예창작과는 김정일 찬양을 위한 미술작품, 문학, 음악, 영화 등을 만들고, 출판물 보급소는 김정일의 강연자료, 논문 등을 제작·배포하여 사상교양사업에 활용했다.

위조 지폐 사업은 김정일 비자금 조성과 권력 유지에 필요한 중요 사업 중 하나였다. 이러한 위폐 사업의 생산 부문을 인민보안부가 담당하고 있다. 또 김정일과 관련된 건축·시설물들에 대한 건설도 인민보안부가 담당하고 있다. 이처럼 김정일의 권력 유지에 필요한 통치자금(비자금) 조성, 보안(비공개)을 위한 건축·시설물에 대한 직접 건설 등 이른바 1호 사업에 인민보안부가 많은 기여를 하고 있고 또한 성과도 올리고 있음을 알 수 있다.

한편 안정적인 권력 승계를 위해 김정은은 화폐 개혁을 주도했다. 화폐 개혁의 시행은 북한 사회에 심각한 혼란을 야기했고, 일반 주민뿐만 아니라 권력엘리트들도 최고권력자에 대해 큰 불만을 가지게 되었다. 이러한 불만을 무마하기 위해 북한 당국은 심지어 군량미도 방출하고 박남기 재정계획부장 등을 처형하였다. 혼란에 빠진 북한 사회와 불만, 분노로 가득한 북한 주민들을 통제하기 위해 인민보안부는 사회통제를 철저히 시행하고, 동시에 선전선동활동도 강화했다. 이처럼 김일성 가계의 권력 승계와 화폐 개혁 등과 같은 김정은 관심사업에도 인민보안부가 중요한 역할을 담당했다.

김정은은 비록 나이가 젊고 권력을 승계한지 얼마 되지 않았지만, 북한에서 절대 파워를 지닌 최고 권력자다. 2011년 28살의 나이로 권력을 승계했지만 북한 권력구조상 무소불위의 권력을 행사함에 있어 아무런 제약이 없다.

인민보안부는 김정은 시대에도 새로운 수령과의 특별한 관계를 지속적으로 유지하고, 연관성을 대내외에 홍보함으로써 그들의 권력을 계속해서 재생산하고 있다. 먼저 2013년 2월 인민보안부장에 임명된 최부일은 2011년 12월 김정일 국가장의위원회 위원이었으며, 2012년 2월에 김정일 훈장을 수훈한 경력이 있다. 2013년 5월(5.1절 즈음) 김정은은 인민보안부를 직접 방문하여 격려하고, 여러 가지 중요한 지시를 하달했다. 인민보안부는 조선인민내무군협주단을 운영하고 있는데, 2013년 5월 김정은과 리설주는 협주단 공연을 함께 관람했다. 2013년 9월 협주단의 음악무용종합공연인 〈선군은 나의 조국〉, 북한정권수립 65돌 경축을 기념한 협주단의 공연도 김정은은 모두 관람했다.

2013년 4월 15일 김일성 주석 100회 생일(태양절) 기념일에는 인민보안부 내에 김일성과 김정일 동상을 제막하고, 로동신문 1면에 이를 개재하는 등 관련내용을 대대적으로 보도했다. 인민보안부는 정치국 산하에 사적지 관리소를 직접 운영하며 선전 · 선동 활동에 활용하고 있다. 사적지 관리소에서는 김일성 동상 등을 포함하여 각종 혁명사적지를 관리한다. 그리고 김정일 사망 이후에는 북한 주요 기관과 장소에 추가로 설치되고 있는 김정일 동상도 관리하고 있다. 북한은 동상 등 각종 우상화물과 전시성 건설에 5억 달러의 재원을 집중 투입하였다.

인민보안부정치대학은 2012년에 김정일인민보안대학으로 대학 명칭을 새롭게 변경하였다. 그리고 김정일이 사망하고 김정은이 집권한 2012년에 공식적으로 대학 명칭이 변경되었다는 점도 중요한 의미가 있다. 김정은도 아버지 김정일처럼 인민보안부를 효과적으로 활용하여 정권 초기에 본인의 권력 기반을 안정화하려는 의지가 있음을 알 수 있다. 또 인민보안부가 김정일에게 충성했듯이 김정은 자신에게도 계속해서 충성을 지속하기를 기대하는 심리를 표현했다고 분석된다.

참고문헌 및 부록

참고문헌

부 록

참고 문헌

1. 북한 문헌

김일성, “조국과 인민에게 충직한 내무일군이 되어야 한다.”, 내무성 중앙보안간부학교 제1기 졸업식에서 한 축사(1948. 9. 19). 『김일성저작집 4』(평양: 조선로동당출판사, 1979).

_____, “인민정권을 더욱 강화하여 사회주의법무생활을 잘 지도할 데 대하여”(조선로동당 정치위원회에서 한 연설, 1977년 2월 28일), 『김일성전집 61』(평양: 조선로동당 출판사, 2005).

김정일, 『사회주의법무생활을 강화할 데 대하여』(평양: 조선로동당출판사, 1989).

_____, “사회안전일군들속에서 정치사상교양사업을 강화할 데 대하여”(조선노동당중앙위원회 선전선동부, 사회안전성 정치국 일군들과 한 담화.

1970년 3월 29일). 『김정일 선집 2』(평양: 조선로동당출판사, 1993).
______, “당사업을 강화하여 우리식 사회주의를 더욱 빛내이자.”, 『김정일 선집 12』(평양: 조선로동당출판사, 1997)
______, “사법검찰사업을 개선강화할데 대하여”, 『주체혁명위업의 완성을 위하여 4권』(평양: 조선로동당출판사, 1987).
______, “사회주의는 과학이다.”, 『김정일선집 13』(평양: 조선로동당출판사, 1998).
______, “우리식 사회주의를 견결히 옹호보위하는 참다운 사회안전일군을 키워내자.”, 『김정일 선집 13』(평양: 조선로동당출판사, 1998)
김정은, 「혁명발전의 요구에 맞게 당의 유일적령도체계를 더욱 철저히 세울 데 대하여」(평양: 조선로동당출판사, 2013).
김현환, 『김정일 장군 정치방식 연구』(평양: 평양출판사, 2002).
나다 다까시, 신재철 편, 『김정일시대의 조선』(평양: 외국문종합출판사, 2000).
심형일, “주체의 법리론”(평양: 사회과학출판사, 1987).
인민보안성, “법투쟁부문 일군들을 위한 참고서”(평양: 인민보안성출판사, 2009).
진유현, “사회주의법제사업의 본질과 기본 내용”, 『김일성종합대학학보, 력사-법학』 제43권 제3호(평양: 김일성종합대학출판사, 1997).
______, “사회주의법치국가건설에 대한 주체의 리론”, 『김일성종합대학학보-력사법학-』 제51권 제1호(평양: 김일성종합대학출판사, 2005).

2. 국내 문헌

강원식, 『러시아정치의 이해』(서울: 나남출판, 1995)

고유환, “김정일의 위기 대응과 생존 전략”, 「현대북한연구」 제3권 2호, 2000.

_____, “북한 사회주의체제의 구조적 위기와 김정일정권의 진로”, 『한국정치학회보』 30집2호(한국정치학회, 1996).

고재홍, 『북한군 최고사령관 위상 연구』(통일연구원, 2006).

고홍숙, “동독의 지하 언론”, 『한국언론학회』 제48호, 2004.

길화식, “북한 공안기관의 사회통제 기능에 관한 연구”, 동국대학교대학원 박사학위논문, 2010.

김경동, 『현대의 사회학』(서울: 박영사, 1997).

김대권, “전환기의 동독 시민운동”, 『뷔히너와 현대문학』 제22권, 2004.

김순규, “북한의 초기 통일정책: 민주기지노선”, 김평일 외 「북한체제의 수립과정 1945~1948」(서울, 경남대학교 극동문제연구소, 1991)

김선웅, 『개념중심의 사회학』(파주: 한울아카데미, 2011).

김재철, 『새로운 중국의 모색Ⅰ』(서울: 폴리테이아, 2005)

_____, 『중국의 정치개혁: 지도부 당의 지도력 그리고 정치체제』(서울: 한울아카데미, 2002).

김학준, 『소련정치론』(서울: 일지사, 1977).

김형만 외, 『비교경찰제도론』(서울: 법문사, 2003).

김채윤 외, 『사회학개론』(서울: 서울대학교 출판부, 2009).

도홍렬, 『북한의 사회통제, 사회문제 그리고 사회변동』(서울: 통일연구원, 1991).

루이 알뛰세, “이데올로기와 이데올로기적 국가기구: 연구를 위한 노트”,

이진수 역, 「레닌과 철학」(서울: 백의, 1997),
박기륜, "통일에 따른 한국경찰기구 통합모형에 대한 연구" 동국대학교대학원 박사학위논문, 1997.
박영신, 『사회학이론과 현실 인식』(서울: 민영사, 1996).
박형중, "김정은 통치연합의 출범과 특징"(서울, 통일연구원 2012).
법무부 편, 『통일 독일의 구동독체제 불법청산 개관』(서울: 법무부, 1995).
북한연구학회 편, 『북한의 사회』(서울: 경인문화사, 2006).
서경석, "구 동독 슈타지 체제: 해체와 규명", 『민주법학』 제12호, 1997.
서대숙, 『북한문헌연구』(서울: 경남대학교 극동문제연구소, 2004).
서진영, 『21세기 중국정치』(서울: 폴리테이아, 2008).
심익섭 외, 『북한 정부론』(서울: 백산자료원, 2002).
심영희, 『국가권력과 범죄통제: 비판범죄론적 시각』(서울: 한울아카데미, 1988).
안택원 편저, 「소련 정치의 체계적 이해」(서울, 경남대학교 극동문제연구소, 1986).
안희창, "김정일시대 북한의 사회통제 연구," 동국대학교대학원 박사학위논문, 2014.
오경섭, 「세종논평」 8월호, "북한의 10대 원칙 개정: 주요 내용과 정치적 의미"(경기 성남; 세종연구소 2013).
윤대일, 『악의 축 집행부 국가안전보위부의 내막』(서울: 조선일보사, 2002).
연성진 외, 『사회통제의 이론과 현실』(서울: 나남, 2000).
윤근섭 외, 『사회학의 이해』(서울: 삼우사, 1996).
이규창, 『인민보안단속법 개정과 북한의 주민통제 강화』(통일연구원, 2011).

이규하, "북한체제의 사회통제기능 연구", 고려대학교 정책대학원 석사학위논문, 2006.
이온죽, "북한 사회연구의 현황과 방법론적 과제", 『사회과학과 정책연구』 제4권 3호, 1982,
이우영, 『전환기의 북한 사회통제체제』(서울: 통일연구원, 1999).
이종석, 「조선로동당 연구」(서울: 역사비평사, 2003).
이태환, 『중국의 국내정치와 대외정책』(서울: 한울아카데미, 2007).
정일동, "북한의 통제정책에 관한 연구," 서울대학교대학원 박사학위논문, 1991.
정한구 외, 『러시아 정치의 이해』(서울: 나남, 1995).
전현준, 『북한의 사회통제기구 고찰: 인민보안성을 중심으로』(서울: 통일연구원, 2003).
조영진, "북한의 치안행정기관에 관한 연구", 『한국공안행정학회보』 제8권 1호, 1999.
조용관, "중국체제의 수호자 '공안'", 『북한』 3월호(서울: 북한연구소, 2000).
______, "중국 경찰의 형성과정과 지도이념 연구", 『국민윤리연구』 제62호, 2006.
조정남, 『사회주의체제론』(서울: 교양사회, 2001).
주한 독일연방국대사관 편, 『오늘의 독일』(서울: 독일연방국대사관, 1998).
중앙일보사 편, 『조선민주주의인민공화국(상)』(서울: 중앙일보사, 1992)
최승완, "동독 현실 사회주의 독재와 대중의 동의", 『이화사학연구』 제30호, 2003.
최응렬, "북한 인민보안부의 사회통제에 대한 연구", 『사회과학연구』 동국대 사회조사연구소 제19권 제1호, 2012.

황장엽, 「나는 역사의 진리를 보았다」(서울: 한울, 1999).

현성일, 「북한의 국가전략과 파워엘리트」(서울; 선인, 2007).

부 록

조선민주주의인민공화국 사회주의헌법

주체 61(1972)년 12월 27일 최고인민회의 제 5기 제1차회의에서 채택
주체 81(1992)년 4월 9일 최고인민회의 제 9기 제3차회의에서 수정보충
주체 87(1998)년 9월 5일 최고인민회의 제10기 제1차회의에서 수정보충
주체 98(2009)년 4월 9일 최고인민회의 제12기 제1차회의에서 수정보충
주체 99(2010)년 4월 9일 최고인민회의 제12기 제2차회의에서 수정보충
주체101(2012)년 4월 13일 최고인민회의 제12기 제5차회의에서 수정보충
주체102(2013)년 4월 1일 최고인민회의 제12기 제7차회의에서 수정보충
주체105(2016)년 6월 29일 최고인민회의 제13기 제4차회의에서 수정보충
주체108(2019)년 4월 11일 최고인민회의 제14기 제1차회의에서 수정보충
주체108(2019)년 8월 29일 최고인민회의 제14기 제2차회의에서 수정보충

서 문

조선민주주의인민공화국은 위대한 수령 김일성 동지와 위대한 령도자 김정일 동지의 국가건설 사상과 업적이 구현된 주체의 사회주의국가이다.

위대한 수령 김일성동지는 조선민주주의인민공화국의 창건자이시며 사회주의 조선의 시조이시다.

위대한 수령 김일성동지께서는 영생불멸의 주체사상을 창시하시고 그 기치 밑에 항일혁명투쟁을 조직령도하시여 영광스러운 혁명전통을 마련하시고 조국광복의 력사적위업을 이룩하시였으며 정치, 경제, 문화, 군사분야에서 자주독립국가건설의 튼튼한 토대를 닦은데 기초하여 조선민주주의인민공화국을 창건하시였다.

위대한 수령 김일성동지께서는 주체적인 혁명로선을 내놓으시고 여러 단계의 사회혁명과 건설 사업을 현명하게 령도하시여 공화국을 인민대중중심의 사회주의나라로, 자주, 자립, 자위의 사회주의국가로 강화발전시키시였다.

위대한 수령 김일성동지께서는 국가건설과 국가활동의 근본원칙을 밝히시고 가장 우월한 국가사회제도와 정치방식, 사회관리체계와 관리방법을 확립하시였으며 사회주의조국의 부강번영과 주체혁명위업의 계승완성을 위한 확고한 토대를 마련하시였다.

위대한 령도자 김정일동지는 위대한 수령 김일성동지의 사상과 위업을 받들어 우리 공화국을 김일성동지의 국가로 강화발전시키시고 민족의 존엄과 국력을 최상의 경지에 올려 세우신 절세의 애국자, 사회주의조선의 수호자이시다.

위대한 령도자 김정일동지께서는 위대한 수령 김일성동지께서 창시하신 영생불멸의 주체사상을 전면적으로 심화발전시키시고 온 사회의 김일성주의화의 기치높이 사회주의건설의 모든 분야에서 기적과 변혁의 새력사를 창조하시였으며 력사상 처음으로 수령영생위업을 개척하시고 주체의 혁명전통을 순결하게 계승발전시키시여 조선혁명의 명맥을 굳건히 이어놓으시였다.

위대한 령도자 김정일 동지께서는 세계사회주의체계의 붕괴와 제국주의련합세력의 악랄한 반공화국압살공세속에서 선군정치로 위대한 수령 김일성동지의 고귀한 유산인 사회주의전취물을 영예롭게 수호하시고 우리 조국을 불패의 정치사상강국 , 핵보유국, 무적의 군사강국으로 전변시키시였으며 사회주의강국건설의 휘황한 대통로를 열어놓으시였다.

위대한 수령 김일성동지와 위대한 령도자 김정일동지께서는 이민위천을 좌우명으로 삼으시여 언제나 인민들과 함께 계시고 인민을 위하여 한평생을 바치시였으며 숭고한 인덕정치로 인민들을 보살피시고 이끄시여 온 사회를 일심단결된 하나의 대가정으로 전변시키시였다.

위대한 수령 김일성동지와 위대한 령도자 김정일동지를 모심으로 하여 우리 공화국은 부강하고 자주적인 국가건설의 근본적이며 중핵적인 과제를 훌륭히 해결한 세계에 유일무이한 국가실체로 빛을 뿌리게 되였다.

위대한 수령 김일성동지와 위대한 령도자 김정일동지는 조국통일위업실현에 불멸의 업적을 쌓으신 민족만대의 은인이시다. 위대한 수령 김일성동지와 위대한 령도자 김정일동지께서는 나라의 통일을 민족지상의 과업으로 내세우시고 그 실현을 위하여 온갖 로고와 심혈을 다바치시였다. 위대한 수령 김일성동지와 위대한 령도자 김정일동지께서는 공화국을 조국통일의 강유력한 보루로 다지시는 한편 조국통일의 근본원칙과 방도를 제시하시고 조국통일운동을 전민족적인 운동으로 발전시키시여 온 민족의 단합된 힘으로 조국통일위업을 성취하기 위한 길을 열어놓으시였다.

위대한 수령 김일성동지와 위대한 령도자 김정일동지께서는 조선민주주의인민공화국의 대외정책의 기본리념을 밝히시고 그에 기초하여 나라의 대외관계를 확대발전시키시였으며 공화국의 국제적권위를 높이 떨치게 하시였다. 위대한 수령 김일성동지와 위대한 령도자 김정일동지는 세계정치의 원로로서 자주의 새시대를 개척하시고 사회주의 운동과 쁠럭불가담운동의 강화발전을 위하여, 세계평화와 인민들 사이의 친선을 위하여 정력적으로 활동하시였으며 인류의 자주위업에 불멸의 공헌을 하시였다.

위대한 수령 김일성동지와 위대한 령도자 김정일동지는 사상리론과 령도예술의 천재이시고 백전백승의 강철의 령장이시였으며 위대한 혁명가, 정치가이시고 위대한 인간이시였다.

위대한 수령 김일성동지와 위대한 령도자 김정일동지의 위대한 사상과 령도업적은 조선혁명의 만년재보이고 조선민주주의인민공화국의 륭성번영을 위한 기본담보이며 위대한 수령 김일성동지와 위대한 령도자 김정일동지께서 생전의 모습으로 계시는 금수산태양궁전은 수령영생의 대기념비이며 전체 조선민족의 존엄의 상징이고 영원한 성지이다.

조선민주주의인민공화국과 조선인민은 위대한 김일성동지와 위대한 김정일동지를 주체조선의 영원한 수령으로 높이 모시고 조선로동당의 령도밑에 위대한 수령 김일성동지와 위대한 령도자 김정일동지의 사상과 업적을 옹호고수하고 계승발전시켜 주체혁명위업을 끝까지 완성하여 나갈것이다.

조선민주주의인민공화국 사회주의헌법은 위대한 수령 김일성동지와 위대한 령도자 김정일동지의 주체적인 국가건설사상과 국가건설 업적을 법화한 김일성-김정일헌법이다.

제1장 정 치

제1조 조선민주주의인민공화국은 전체 조선인민의 리익을 대표하는 자주적인 사회주의국가이다.

제2조 조선민주주의인민공화국은 제국주의 침략자들을 반대하며 조국의 광복과 인민의 자유와 행복을 실현하기 위한 영광스러운 혁명투쟁에서 이룩한 빛나는 전통을 이어받은 혁명적인 국가이다.

제3조 조선민주주의인민공화국은 위대한 김일성-김정일주의를 국가건설과 활동의 유일한 지도적지침으로 삼는다.

제4조 조선민주주의인민공화국의 주권은 로동자, 농민, 군인, 지식인을 비롯한 근로인민에게 있다.

근로인민은 자기의 대표기관인 최고인민회의와 지방 각급 인민회의를 통하여 주권을 행사한다.

제5조 조선민주주의인민공화국에서 모든 국가기관들은 민주주의중앙집권제원칙에 의하여 조직되고 운영된다.

제6조 군인민회의로부터 최고인민회의에 이르기까지의 각급 주권기관은 일반적, 평등적, 직접적 원칙에 의하여 비밀투표로 선거한다.

제7조 각급 주권기관의 대의원은 선거자들과 밀접한 련계를 가지며 자기 사업에 대하여 선거자들 앞에 책임진다.

선거자들은 자기가 선거한 대의원이 신임을 잃은 경우에 언제든지 소환할 수 있다.

제8조 조선민주주의인민공화국의 사회제도는 근로인민대중이 모든 것의 주인으로 되고 있으며 사회의 모든 것이 근로인민대중을 위하여 복무하는 사람중심의 사회제도이다.

국가는 착취와 압박에서 해방되여 국가와 사회의 주인으로 된 로동자, 농민, 군인, 지식인을 비롯한 근로인민의 리익을 옹호하며 인권을 존중하고 보호한다.

제9조 조선민주주의인민공화국은 북반부에서 인민정권을 강화하고 사상, 기술, 문화의 3대혁명을 힘 있게 벌려 사회주의의 완전한 승리를 이룩하며 자주, 평화통일, 민족대단결의 원칙에서 조국통일을 실현하기 위하여 투쟁한다.

제10조 조선민주주의인민공화국은 로동계급이 령도하는 로농동맹에 기초한 전체 인민의 정치사상적통일에 의거한다.

국가는 사상혁명을 강화하여 사회의 모든 성원들을 혁명화, 로동계급화하며 온 사회를 동지적으로 결합된 하나의 집단으로 만든다.

제11조 조선민주주의인민공화국은 조선로동당의 령도 밑에 모든 활동을 진행한다.

제12조 국가는 계급로선을 견지하며 인민민주주의독재를 강화하여 내외적대분자들의 파괴책동으로부터 인민주권과 사회주의제도를 굳건히 보위한다.

제13조 국가는 군중로선을 구현하여 대중 속에 들어가 문제해결의 방도를 찾으며 정치사업, 사람과의 사업을 앞세워 대중의 정신력과 창조력

을 높이 발양시키는 혁명적 사업방법을 견지한다.

제14조 국가는 3대혁명 붉은기쟁취운동을 비롯한 대중운동을 힘 있게 벌려 사회주의건설을 최대한으로 다그친다.

제15조 조선민주주의인민공화국은 해외에 있는 조선동포들의 민주주의적 민족권리와 국제법에서 공인된 합법적권리와 리익을 옹호한다.

제16조 조선민주주의인민공화국은 자기 령역안에 있는 다른 나라 사람의 합법적권리와 리익을 보장한다.

제17조 자주, 평화, 친선은 조선민주주의인민공화국의 대외정책의 기본리념이며 대외활동 원칙이다.

국가는 우리나라를 우호적으로 대하는 모든 나라들과 완전한 평등과 자주성, 호상존중과 내정불간섭, 호혜의 원칙에서 국가적 또는 정치, 경제, 문화적 관계를 맺는다.

국가는 자주성을 옹호하는 세계인민들과 단결하며 온갖 형태의 침략과 내정간섭을 반대하고 나라의 자주권과 민족적, 계급적 해방을 실현하기 위한 모든 나라 인민들의 투쟁을 적극 지지성원한다.

제18조 조선민주주의인민공화국의 법은 근로인민의 의사와 리익의 반영이며 국가관리의 기본무기이다.

법에 대한 존중과 엄격한 준수집행은 모든 기관, 기업소, 단체와 공민에게 있어서 의무적이다.

국가는 사회주의법률제도를 완비하고 사회주의법무생활을 강화한다.

제2장 경 제

제19조 조선민주주의인민공화국은 사회주의적 생산관계와 자립적 민족경제의 토대에 의거한다.

제20조 조선민주주의인민공화국에서 생산수단은 국가와 사회협동단체가 소유한다.

제21조 국가소유는 전체 인민의 소유이다.

국가소유권의 대상에는 제한이 없다.

나라의 모든 자연부원, 철도, 항공운수, 체신기관과 중요공장, 기업소, 항만, 은행은 국가만이 소유한다.

국가는 나라의 경제발전에서 주도적 역할을 하는 국가소유를 우선적으로 보호하며 장성시킨다.

제22조 사회협동단체소유는 해당 단체에 들어있는 근로자들의 집단적 소유이다.

토지, 농기계, 배, 중소공장, 기업소 같은 것은 사회협동단체가 소유할 수 있다.

국가는 사회협동단체소유를 보호한다.

제23조 국가는 농민들의 사상의식과 기술문화수준을 높이고 협동적 소유에 대한 전인민적소유의 지도적 역할을 높이는 방향에서 두 소유를 유기적으로 결합시키며 협동경리에 대한 지도와 관리를 개선하여 사회주의적 협동경리제도를 공고발전 시키며 협동단체에 들어있는 전체 성원들의 자원적 의사에 따라 협동단체소유를 점차 전인민적소유로 전환시킨다.

제24조 개인소유는 공민들의 개인적이며 소비적인 목적을 위한 소유이다.

개인소유는 로동에 의한 사회주의분배와 국가와 사회의 추가적 혜택으로 이루어진다.

터밭경리를 비롯한 개인부업경리에서 나오는 생산물과 그 밖의 합법적인 경리활동을 통하여 얻은 수입도 개인소유에 속한다.

국가는 개인소유를 보호하며 그에 대한 상속권을 법적으로 보장한다.

제25조 조선민주주의인민공화국은 인민들의 물질문화생활을 끊임없이 높이는 것을 자기 활동의 최고원칙으로 삼는다.

세금이 없어진 우리나라에서 늘어나는 사회의 물질적부는 전적으로 근로자들의 복리증진에 돌려진다.

국가는 모든 근로자들에게 먹고 입고 쓰고 살 수 있는 온갖 조건을 마련하여 준다.

제26조 조선민주주의인민공화국에 마련된 자립적 민족경제는 인민의 행복한 사회주의생활과 조국의 륭성번영을 위한 튼튼한 밑천이다.

국가는 사회주의자립적민족경제건설로선을 틀어쥐고 인민경제의 주체화, 현대화, 정보화, 과학화를 다그쳐 인민경제를 고도로 발전된 주체적인 경제로 만들며 완전한 사회주의사회에 맞는 물질기술적 토대를 쌓기 위하여 투쟁한다.

제27조 기술혁명은 사회주의경제를 발진시키기 위한 기본고리이며 과학기술력은 국가의 가장 중요한 전략적자원이다.

국가는 모든 경제활동에서 과학기술의 주도적 역할을 높이며 과학기술과 생산을 일체화하고 대중적기술혁신운동을 힘 있게 벌려 경제건설을 다그쳐나간다.

제28조 국가는 도시와 농촌의 차이, 로동계급과 농민의 계급적 차이를 없애기 위하여 농촌기술혁명을 다그쳐 농업을 공업화, 현대화하며 군의 역할을 높이고 농촌에 대한 지도와 방조를 강화한다.

국가는 협동농장의 생산시설과 농촌문화주택을 국가부담으로 건설하여 준다.

제29조 사회주의는 근로대중의 창조적 로동에 의하여 건설된다.

조선민주주의인민공화국에서 로동은 착취와 압박에서 해방된 근로자들의 자주적이며 창조적인 로동이다.

국가는 실업을 모르는 우리 근로자들의 로동이 보다 즐거운 것으로, 사회와 집단과 자신을 위하여 자각적열성과 창발성을 내여 일하는 보람찬 것으로 되게 한다.

제30조 근로자들의 하루로동시간은 8시간이다.

국가는 로동의 힘든 정도와 특수한 조건에 따라 하루 로동시간을 이보다 짧게 정한다.

국가는 로동조직을 잘하고 로동규률을 강화하여 로동시간을 완전히 리용하도록 한다.

제31조 조선민주주의인민공화국에서 공민이 로동하는 나이는 16살부터이다.

국가는 로동하는 나이에 이르지 못한 소년들의 로동을 금지한다.

제32조 국가는 사회주의경제에 대한 지도와 관리에서 정치적지도와 경제기술적지도, 국가의 통일적지도와 매개 단위의 창발성, 유일적 지휘와 민주주의, 정치도덕적자극과 물질적 자극을 옳게 결합시키며 실리를 보장하는 원칙을 확고히 견지한다.

第33조 국가는 생산자대중의 집체적 지혜와 힘에 의거하여 경제를 과학적으로, 합리적으로 관리운영하며 내각의 역할을 결정적으로 높인다.

국가는 경제관리에서 사회주의기업책임관리제를 실시하며 원가; 가격, 수익성 같은 경제적 공간을 옳게 리용하도록 한다.

第34조 조선민주주의인민공화국의 인민경제는 계획경제이다.

국가는 사회주의경제발전법칙에 따라 축적과 소비의 균형을 옳게 잡으며 경제건설을 다그치고 인민생활을 끊임없이 높이며 국방력을 강화할 수 있도록 인민경제발전계획을 세우고 실행한다.

국가는 계획의 일원화, 세부화를 실현하여 생산장성의 높은 속도와 인민경제의 균형적 발전을 보장한다.

第35조 조선민주주의인민공화국은 인민경제발전계획에 따르는 국가예산을 편성하여 집행한다.

국가는 모든 부문에서 증산과 절약투쟁을 강화하고 재정통제를 엄격히 실시하여 국가축적을 체계적으로 늘이며 사회주의적 소유를 확대발전시킨다.

第36조 조선민주주의인민공화국에서 대외무역은 국가기관, 기업소, 사회협동단체가 한다.

국가는 대외무역에서 신용을 지키고 무역구조를 개선하며 평등과 호혜의 원칙에서 대외경제 관계를 확대발전시킨다.

第37조 국가는 우리나라 기관, 기업소, 단체와 다른 나라 법인 또는 개인들과의 기업합영과 합작, 특수경제지대에서의 여러 가지 기업 창설운영을 장려한다.

第38條 국가는 자립적 민족경제를 보호하기 위하여 관세정책을 실시한다.

제3장 문 화

第39條 조선민주주의인민공화국에서 개화발전하고 있는 사회주의적문화는 근로자들의 창조적 능력을 높이며 건전한 문화정서적 수요를 충족시키는데 이바지한다.

第40條 조선민주주의인민공화국은 문화혁명을 철저히 수행하여 모든 사람들을 자연과 사회에 대한 깊은 지식과 높은 문화기술수준을 가진 사회주의건설자로 만들며 전민과학기술인재화를 다그친다.

第41條 조선민주주의인민공화국은 사회주의근로자들을 위하여 복무하는 참다운 인민적이며 혁명적인 문화를 건설한다.

국가는 사회주의적 민족문화건설에서 제국주의의 문화적침투를 배격하며 주체성의 원칙과 력사주의원칙, 과학성의 원칙에서 민족문화유산을 보호하고 사회주의현실에 맞게 계승발전 시킨다.

第42條 국가는 모든 분야에서 낡은 사회의 생활양식을 없애고 새로운 사회주의적 생활양식을 전면적으로 확립한다.

第43條 국가는 사회주의교육학의 원리를 구현하여 후대들을 사회와 집단, 조국과 인민을 위하여 투쟁하는 참다운 애국자로, 지덕체를 갖춘 사회주의건설의 역군으로 키운다.

제44조 국가는 인민교육사업과 민족간부양성사업을 다른 모든 사업에 앞세우며 일반교육과 기술교육, 교육과 생산로동을 밀접히 결합시킨다.

제45조 국가는 1년 동안의 학교전의무교육을 포함한 전반적12년제 의무교육을 현대과학기술발전추세와 사회주의건설의 현실적 요구에 맞게 높은 수준에서 발전시킨다.

제46조 국가는 학업을 전문으로 하는 교육체계와 일하면서 배우는 여러 가지 형태의 교육체계를 발전시키며 교육내용과 방법 교육조건과, 환경을 부단히 개선하여 유능한 과학기술인재들을 키워낸다.

제47조 국가는 모든 학생들을 무료로 공부시키며 대학생들에게는 장학금을 준다.

제48조 국가는 사회교육을 강화하며 모든 근로자들이 학습할 수 있는 온갖 조건을 보장한다.

제49조 국가는 학령전어린이들을 탁아소와 유치원에서 국가와 사회의 부담으로 키워준다.

제50조 국가는 과학연구사업에서 주체를 세우고 선진과학기술을 적극 받아들이며 과학연구부문에 대한 국가적 투자를 높이고 새로운 과학기술 분야를 개척하여 나라의 과학기술을 세계적 수준에 올려 세운다.

제51조 국가는 과학기술발전계획을 바로세우고 철저히 수행하는 규률을 세우며 과학자, 기술자들과 생산자들의 창조적 협조를 강화하도록 한다.

제52조 국가는 민족적 형식에 사회주의적 내용을 담은 주체적이며 혁명적인 문학예술을 발전시킨다.

국가는 창작가, 예술인들이 사상예술성이 높은 작품을 많이 창작하며 광범한 대중이 문예활동에 널리 참가하도록 한다.

제53조 국가는 정신적으로, 육체적으로 끊임없이 발전하려는 사람들의 요구에 맞게 현대적인 문화시설들을 충분히 갖추어주어 모든 근로자들이 사회주의적 문화정서생활을 마음껏 누리도록 한다.

제54조 국가는 우리말을 온갖 형태의 민족어말살정책으로부터 지켜내며 그것을 현대의 요구에 맞게 발전시킨다.

제55조 국가는 체육을 대중화, 생활화하여 전체 인민을 로동과 국방에 튼튼히 준비시키며 우리나라 실정과 현대체육기술발전추세에 맞게 체육기술을 발전시킨다.

제56조 국가는 전반적 무상치료제를 공고발전시키며 의사담당구역제와 예방의학제도를 강화하고 보건부문에 대한 물질적 보장사업을 개선하여 사람들의 생명을 보호하며 근로자들의 건강을 증진시킨다.

제57조 국가는 생산에 앞서 환경보호대책을 세우며 자연환경을 보존, 조성하고 환경오염을 방지하여 인민들에게 문화위생적인 생활환경과 로동조건을 마련하여준다.

제4장 국 방

제58조 조선민주주의인민공화국은 전인민적, 전국가적방위체계에 의거한다.

제59조 조선민주주의인민공화국 무장력의 사명은 위대한 김정은동지를 수반으로 하는 당중앙위원회를 결사옹위하고 근로인민의 리익을 옹호하며 외래침략으로부터 사회주의제도와 혁명의 전취물, 조국의 자유와 독립, 평화를 지키는데 있다.

제60조 국가는 인민들과 인민군장병들을 정치사상적으로 무장시키는 기초우에서 전군간부화, 전군현대화, 전민무장화, 전국요새화를 기본내용으로 하는 자위적군사로선을 관철한다.

제61조 국가는 군대안에서 혁명적령군체계와 군풍을 확립하고 군사규률과 군중규률을 강화하며 관병일치, 군정배합, 군민일치의 고상한 전통적 미풍을 높이 발양하도록 한다.

제5장 공민의 기본권리와 의무

제62조 조선민주주의인민공화국 공민이 되는 조건은 국적에 관한 법으로 규정한다. 공민은 거주지에 관계없이 조선민주주의인민공화국의 보호를 받는다.

제63조 조선민주주의인민공화국에서 공민의 권리와 의무는 《하나는 전체를 위하여, 전체는 하나를 위하여》라는 집단주의원칙에 기초한다.

제64조 국가는 모든 공민에게 참다운 민주주의적 권리와 자유, 행복한 물질문화생활을 실질적으로 보장한다.

조선민주주의인민공화국에서 공민의 권리와 자유는 사회주의제도의 공고발전과 함께 더욱 확대된다.

제65조 공민은 국가사회생활의 모든 분야에서 누구나 다같은 권리를 가진다.

제66조 17살 이상의 모든 공민은 성별, 민족별, 직업, 거주기간, 재산과 지식정도, 당별, 정견, 신앙에 관계없이 선거할 권리와 선거받을 권리를 가진다.

군대에 복무하는 공민도 선거할 권리와 선거받을 권리를 가진다.

재판소의 판결에 의하여 선거할 권리를 빼앗긴 자, 정신병자는 선거할 권리와 선거받을 권리를 가지지 못한다.

제67조 공민은 언론. 출판, 집회, 시위와 결사의 자유를 가진다.

국가는 민주주의적정당, 사회단체의 자유로운 활동조건을 보장한다.

제68조 공민은 신앙의 자유를 가진다. 이 권리는 종교건물을 짓거나 종교의식 같은 것을 허용하는 것으로 보장된다.

종교를 외세를 끌어들이거나 국가사회질서를 해치는데 리용할 수 없다.

제69조 공민은 신소와 청원을 할 수 있다.

국가는 신소와 청원을 법이 정한데 따라 공정하게 심의처리 하도록 한다.

제70조 공민은 로동에 대한 권리를 가진다.

로동능력 있는 모든 공민은 희망과 재능에 따라 직업을 선택하며 안정된 일자리와 로동조건을 보장받는다.

공민은 능력에 따라 일하며 로동의 량과 질에 따라 분배를 받는다.

제71조 공민은 휴식에 대한 권리를 가진다. 이 권리는 로동시간제, 공휴일제, 유급휴가제, 국가비용에 의한 정휴양제, 계속 늘어나는 여러 가지 문화 시설들에 의하여 보장된다.

제72조 공민은 무상으로 치료받을 권리를 가지며 나이 많거나 병 또는 신체장애로 로동능력을 잃은 사람, 돌볼 사람이 없는 늙은이와 어린이는 물질적 방조를 받을 권리를 가진다. 이 권리는 무상치료제, 계속 늘어나는 병원, 료양소를 비롯한 의료시설, 국가사회보험과 사회보장제에 의하여 보장된다.

제73조 공민은 교육을 받을 권리를 가진다. 이 권리는 선진적인 교육제도와 국가의 인민적인 교육시책에 의하여 보장된다.

제74조 공민은 과학과 문학예술활동의 자유를 가진다.

국가는 발명가와 창의고안자에게 배려를 돌린다.

저작권과 발명권, 특허권은 법적으로 보호한다.

제75조 공민은 거주, 려행의 자유를 가진다.

제76조 혁명투사, 혁명렬사가족, 애국렬사가족, 인민군후방가족, 영예군인은 국가와 사회의 특별한 보호를 받는다.

제77조 녀자는 남자와 똑같은 사회적 지위와 권리를 가진다.

국가는 산전산후휴가의 보장, 여러 어린이를 가진 어머니를 위한 로동시간의 단축, 산원, 탁아소와 유치원망의 확장 그 밖의 시책을 통하여 어머니와 어린이를 특별히 보호한다.

국가는 녀성들이 사회에 진출할 온갖 조건을 지어준다.

제78조 결혼과 가정은 국가의 보호를 받는다.

국가는 사회의 기층생활단위인 가정을 공고히 하는데 깊은 관심을 돌린다.

제79조 공민은 인신과 주택의 불가침, 서신의 비밀을 보장받는다.

법에 근거하지 않고는 공민을 구속하거나 체포할 수 없으며 살림집을 수색할 수 없다.

제80조 조선민주주의인민공화국은 평화와 민주주의, 민족적 독립과 사회주의를 위하여, 과학, 문화활동의 자유를 위하여 투쟁하다가 망명하여온 다른 나라 사람을 보호한다.

제81조 공민은 인민의 정치사상적통일과 단결을 견결히 수호하여야 한다.

공민은 조직과 집단을 귀중히 여기며 사회와 인민을 위하여 몸바쳐 일하는 기풍을 높이 발휘하여야 한다.

제82조 공민은 국가의 법과 사회주의적 생활규범을 지키며 조신민주주의인민공화국의 공민된 영예와 존엄을 고수하여야 한다.

제83조 로동은 공민의 신성한 의무이며 영예이다.

공민은 로동에 자각적으로 성실히 참가하며 로동규률과 로동시간을 엄격히 지켜야 한다.

제84조 공민은 국가재산과 사회협동단체재산을 아끼고 사랑하며 온갖 탐오랑비현상을 반대하여 투쟁하며 나라살림살이를 주인답게 알뜰히 하여야 한다.

국가와 사회협동단체재산은 신성불가침이다.

제85조 공민은 언제나 혁명적경각성을 높이며 국가의 안전을 위하여 몸바쳐 투쟁하여야 한다.

제86조 조국보위는 공민의 최대의 의무이며 영예이다.

공민은 조국을 보위하여야 하며 법이 정한데 따라 군대에 복무하여야 한다.

제6장 국가기구

제1절 최고인민회의

제87조 최고인민회의는 조선민주주의인민공화국의 최고주권기관이다.

제88조 최고인민회의는 립법권을 행사한다.

최고인민회의 휴회 중에는 최고인민회의 상임위원회도 립법권을 행사할 수 있다.

제89조 최고인민회의는 일반적, 평등적, 직접적 선거원칙에 의하여 비밀투표로 선거된 대의원들로 구성한다.

제90조 최고인민회의 임기는 5년으로 한다.

최고인민회의 새 선거는 최고인민회의 임기가 끝나기 전에 최고인민회의 상임위원회의 결정에 따라 진행한다.

불가피한 사정으로 선거를 하지 못할 경우에는 선거를 할 때까지 그 임기를 연장한다.

제91조 최고인민회의는 다음과 같은 권한을 가진다.

1. 헌법을 수정, 보충한다.
2. 부문법을 제정 또는 수정, 보충한다.
3. 최고인민회의 휴회 중에 최고인민회의 상임위원회가 채택한 중요 부문법을 승인한다.
4. 국가의 대내외정책의 기본원칙을 세운다.
5. 조선민주주의인민공화국 국무위원회 위원장을 선거 또는 소환한다.
6. 최고인민회의 상임위원회 위원장을 선거 또는 소환한다.
7. 조선민주주의인민공화국 국무위원회 위원장의 제의에 의하여 국무위원회 제1부위원장, 부위원장, 위원들을 선거 또는 소환한다.
8. 최고인민회의 상임위원회 부위원장, 서기장, 위원들을 선거 또는 소환한다.
9. 내각총리를 선거 또는 소환한다.
10. 내각총리의 제의에 의하여 내각 부총리, 위원장. 상 그 밖의 내각성원들을 임명한다.
11. 중앙검찰소 소장을 임명 또는 해임한다.
12. 중앙재판소 소장을 선거 또는 소환한다.
13. 최고인민회의 부문위원회 위원장, 부위원장, 위원들을 선거 또는 소환한다.

14. 국가의 인민경제발전계획과 그 실행정형에 관한 보고를 심의하고 승인한다.
15. 국가예산과 그 집행정형에 관한 보고를 심의하고 승인한다.
16. 필요에 따라 내각과 중앙기관들의 사업정형을 보고받고 대책을 세운다.
17. 최고인민회의에 제기되는 조약의 비준, 페기를 결정한다.

제92조 최고인민회의는 정기회의와 림시회의를 가진다.

정기회의는 1년에 1~2차 최고인민회의 상임위원회가 소집한다.

림시회의는 최고인민회의 상임위원회가 필요하다고 인정할 때 또는 대의원전원의 3분의 1이상의 요청이 있을 때에 소집한다.

제93조 최고인민회의는 대의원전원의 3분의 2이상이 참석하여야 성립된다.

제94조 최고인민회의는 의장과 부의장을 선거한다.

의장은 회의를 사회한다.

제95조 최고인민회의에서 토의할 의안은 조선민주주의인민공화국 국무위원회 위원장, 국무위원회, 최고인민회의 상임위원회, 내각과 최고인민회의 부문위원회가 제출한다.

대의원들도 의안을 제출할 수 있다.

제96조 최고인민회의 매기 제1차 회의는 대의원자격심사위원회를 선거하고 그 위원회가 제출한 보고에 근거하여 대의원자격을 확인하는 결정을 채택한다.

제97조 최고인민회의는 법령과 결정을 낸다.

최고인민회의가 내는 법령과 결정은 거수가결의 방법으로 그 회의에 참석한 대의원의 반수이상이 찬성하여야 채택된다.

헌법은 최고인민회의 대의원전원의 3분의 2이상이 찬성하여야 수정, 보충된다.

제98조 최고인민회의는 법제위원회, 예산위원회, 외교위원회 같은 부문위원회를 둔다.

최고인민회의 부문위원회는 위원장, 부위원장, 위원들로 구성한다.

최고인민회의 부문위원회는 최고인민회의사업을 도와 국가의 정책안과 법안을 작성하거나 심의하며 그 집행을 위한 대책을 세운다.

최고인민회의 부문위원회는 최고인민회의 휴회 중에 최고인민회의 상임위원회의 지도 밑에 사업한다.

제99조 최고인민회의 대의원은 불가침권을 보장 받는다.

최고인민회의 대의원은 현행범인 경우를 제외하고는 최고인민회의, 그 휴회 중에 최고인민회의 상임위원회의 승인없이 체포하거나 형사처벌을 할 수 없다.

제2절 조선민주주의인민공화국 국무위원회 위원장

제100조 조선민주주의인민공화국 국무위원회 위원장은 국가를 대표하는 조선민주주의인민공화국의 최고령도자이다.

제101조 조선민주주의인민공화국 국무위원회 위원장은 전체 조선인민의 총의에 따라 최고인민회의에서 선거한다.

조선민주주의인민공화국 국무위원회 위원장은 최고인민회의 대의원으로 선거하지 않는다.

제102조 조선민주주의인민공화국 국무위원회 위원장의 임기는 최고인민회의 임기와 같다.

제103조 조선민주주의인민공화국 국무위원회 위원장은 조선민주주의인민공화국무력 총사령관으로 되며 국가의 일체 무력을 지휘통솔한다.

제104조 조선민주주의인민공화국 국무위원회 위원장은 다음과 같은 임무와 권한을 가진다.

1. 국가의 전반사업을 지도한다.
2. 국무위원회사업을 직접 지도한다.
3. 최고인민회의 법령, 국무위원회 중요정령과 결정을 공포한다.
4. 국가의 중요간부를 임명 또는 해임한다.
5. 다른 나라에 주재하는 외교대표를 임명 또는 소환한다.
6. 다른 나라와 맺은 중요조약을 비준 또는 폐기한다.
7. 특사권을 행사한다.
8. 나라의 비상사태와 전시상태, 동원령을 선포한다.
9. 전시에 국가방위위원회를 조직지도한다.

제105조 조선민주주의인민공화국 국무위원회 위원장은 명령을 낸다.

제106조 조선민주주의인민공화국 국무위원회 위원장은 자기 사업에 대하여 최고인민회의앞에 책임진다.

제3절 국무위원회

제107조 국무위원회는 국가주권의 최고정책적지도기관이다.

제108조 국무위원회는 위원장, 제1부위원장, 부위원장, 위원들로 구성한다.

제109조 국무위원회 임기는 최고인민회의 임기와 같다.

제110조 국무위원회는 다음과 같은 임무와 권한을 가진다.

1. 국가의 중요정책을 토의결정한다.
2. 조선민주주의인민공화국 국무위원회 위원장 명령, 국무위원회 정령, 결정, 지시집행정형을 감독하고 대책을 세운다.
3. 조선민주주의인민공화국 국무위원회 위원장 명령, 국무위원회 정령, 결정, 지시에 어긋나는 국가기관의 결정, 지시를 폐지한다.
4. 최고인민회의 휴회 중에 내각총리의 제의에 의하여 부총리, 위원장, 상 그 밖의 내각성원 들을 임명 또는 해임한다.

제111조 국무위원회는 정령과 결정, 지시를 낸다.

제112조 국무위원회는 자기 사업에 대하여 최고인민회의 앞에 책임진다.

제4절 최고인민회의 상임위원회

제113조 최고인민회의 상임위원회는 최고인민회의 휴회중의 최고주권기관이다.

제114조 최고인민회의 상임위원회는 위원장, 부위원장, 서기장, 위원들

로 구성한다.

제115조 최고인민회의 상임위원회 임기는 최고인민회의 임기와 같다.

최고인민회의 상임위원회는 최고인민회의 임기가 끝난 후에도 새 상임위원회가 선거될 때까지 자기 임무를 계속 수행한다.

제116조 최고인민회의 상임위원회는 다음과 같은 임무와 권한을 가진다.

1. 최고인민회의를 소집한다.
2. 최고인민회의 휴회 중에 제기된 새로운 부문법안과 규정안, 현행 부문법과 규정의 수정, 보충안을 심의채택하며 채택실시 하는 중요 부문법을 다음번 최고인민회의의 승인을 받는다.
3. 불가피한 사정으로 최고인민회의 휴회기간에 제기되는 국가의 인민경제발전계획, 국가예산과 그 조절 안을 심의하고 승인한다.
4. 헌법과 현행부문법, 규정을 해석한다.
5. 국가기관들의 법준수집행을 감독하고 대책을 세운다.
6. 헌법, 조선민주주의인민공화국 국무위원회 위원장 명령, 최고인민회의 법령, 결정, 국무위원회 정령, 결정, 지시, 최고인민회의 상임위원회 정령. 결정, 지시에 어긋나는 국가기관의 결정, 지시를 페지하며 지방인민회의의 그릇된 결정집행을 정지시킨다.
7. 최고인민회의 대의원선거를 위한 사업을 하며 지방인민회의 대의원선거사업을 조직한다.
8. 최고인민회의 대의원들과의 사업을 한다.
9. 최고인민회의 부문위원회와의 사업을 한다.
10. 내각 위원회, 성을 내오거나 없앤다.
11. 최고인민회의 상임위원회 부문위원회 성원들을 임명 또는 해임한다.

12. 중앙재판소 판사, 인민참심원을 선거 또는 소환한다.
13. 다른 나라와 맺은 조약을 비준 또는 폐기한다.
14. 훈장과 메달, 명예칭호, 외교직급을 제정하며 훈장과 메달, 명예칭호를 수여한다.
15. 대사권을 행사한다.
16. 행정단위와 행정구역을 내오거나 고친다.
17. 다른 나라 국회, 국제의회기구들과의 사업을 비롯한 대외사업을 한다.

第117조 최고인민회의 상임위원회 위원장은 상임위원회사업을 조직지도한다.

최고인민회의 상임위원회 위원장은 국가를 대표하여 다른 나라 사신의 신임장, 소환장을 접수한다.

第118조 최고인민회의 상임위원회는 전원회의와 상무회의를 가진다.

전원회의는 위원전원으로 구성하며 상무회의는 위원장, 부위원장, 서기장들로 구성한다.

第119조 최고인민회의 상임위원회 전원회의는 상임위원회의 임무와 권한을 실현하는데서 나서는 중요한 문제들을 토의결정한다.

상무회의는 전원회의에서 위임한 문제들을 토의결정한다.

第120조 최고인민회의 상임위원회는 정령과 결정, 지시를 낸다.

第121조 최고인민회의 상임위원회는 자기 사업을 돕는 부문위원회를 둘 수 있다.

제122조 최고인민회의 상임위원회는 자기 사업에 대하여 최고인민회의 앞에 책임진다.

제5절 내 각

제123조 내각은 국가주권의 행정적집행기관이며 진반적 국가관리기관이다.

제124조 내각은 총리, 부총리, 위원장, 상과 그밖에 필요한 성원들로 구성한다.

내각의 임기는 최고인민회의 임기와 같다.

제125조 내각은 다음과 같은 임무와 권한을 가진다.

1. 국가의 정책을 집행하기 위한 대책을 세운다.
2. 헌법과 부문법에 기초하여 국가관리와 관련한 규정을 제정 또는 수정, 보충한다.
3. 내각의 위원회, 성, 내각직속기관, 지방인민위원회의 사업을 지도한다.
4. 내각직속기관, 중요행정경제기관, 기업소를 내오거나 없애며 국가관리기구를 개선하기 위한 대책을 세운다.
5. 국가의 인민경제발전계획을 작성하며 그 실행대책을 세운다.
6. 국가예산을 편성하며 그 집행대책을 세운다.
7. 공업, 농업, 건설, 운수, 체신, 상업, 무역, 국토관리, 도시경영, 교육, 과학, 문화, 보건, 체육, 로동행정, 환경보호, 관광 그 밖의 여러 부문의 사업을 조직집행한다.
8. 화폐와 은행제도를 공고히 하기 위한 대책을 세운다.

9. 국가관리질서를 세우기 위한 검열, 통제사업을 한다.

10. 사회질서유지, 국가 및 사회협동단체의 소유와 리익의 보호, 공민의 권리보장을 위한 대책을 세운다.

11. 다른 나라와 조약을 맺으며 대외사업을 한다.

12. 내각결정, 지시에 어긋나는 행정경제기관의 결정, 지시를 페지한다.

제126조 내각총리는 내각사업을 조직지도한다.

내각총리는 조선민주주의인민공화국 정부를 대표한다.

제127조 내각은 전원회의와 상무회의를 가진다.

내각전원회의는 내각성원전원으로 구성하며 상무회의는 총리, 부총리와 그밖에 총리가 임명하는 내각성원들로 구성한다.

제128조 내각전원회의는 행정경제사업에서 나서는 새롭고 중요한 문제들을 토의결정한다.

상무회의는 내각전원회의에서 위임한 문제들을 토의결정한다.

제129조 내각은 결정과 지시를 낸다.

제130조 내각은 자기 사업을 돕는 비상설부문위원회를 둘 수 있다.

제131조 내각은 자기 사업에 대하여 최고인민회의와 그 휴회중에 최고인민회의 상임위원회앞에 책임진다.

제132조 새로 선거된 내각총리는 내각성원들을 대표하여 최고인민회의에서 선서를 한다.

제133조 내각 위원회, 성은 내각의 부문별집행기관이며 중앙의 부문별관리기관이다.

제134조 내각 위원회, 성은 내각의 지도 밑에 해당 부문의 사업을 통일적으로 장악하고 지도 관리한다.

제135조 내각 위원회, 성은 위원회회의와 간부회의를 운영한다.

위원회, 성 위원회회의와 간부회의에서는 내각결정, 지시집행대책과 그밖의 중요한 문제들을 토의 결정한다.

제136조 내각 위원회, 성은 지시를 낸다.

제6절 지방인민회의

제137조 도(직할시), 시(구역), 군인민회의는 지방주권기관이다.

제138조 지방인민회의는 일반적, 평등적, 직접적 선거원칙에 의하여 비밀투표로 선거된 대의원들로 구성한다.

제139조 도(직할시), 시(구역), 군인민회의 임기는 4년으로 한다.

지방인민회의 새 선거는 지방인민회의 임기가 끝나기 전에 해당 지방인민위원회의 결정에 따라 진행한다.

불가피한 사정으로 선거를 하지 못할 경우에는 선거를 할 때까지 그 임기를 연장한다.

제140조 지방인민회의는 다음과 같은 임무와 권한을 가진다.

1. 지방의 인민경제발전계획과 그 실행정형에 대한 보고를 심의하고

승인한다.

2. 지방예산과 그 집행에 대한 보고를 심의하고 승인한다.
3. 해당 지역에서 국가의 법을 집행하기 위한 대책을 세운다.
4. 해당 인민위원회 위원장, 부위원장, 사무장, 위원들을 선거 또는 소환한다.
5. 해당 재판소의 판사, 인민참심원을 선거 또는 소환한다.
6. 해당 인민위원회와 하급인민회의, 인민위원회의 그릇된 결정, 지시를 페지한다.

제141조 지방인민회의는 정기회의와 림시회의를 가진다.

정기회의는 1년에 1~2차 해당 인민위원회가 소집한다.

림시회의는 해당 인민위원회가 필요하다고 인정할 때 또는 대의원전원의 3분의 1이상의 요청이 있을 때 소집한다.

제142조 지방인민회의는 대의원전원의 3분의 2이상이 참석하여야 성립된다.

제143조 지방인민회의는 의장을 선거한다.

의장은 회의를 사회한다.

제144조 지방인민회의는 결정을 낸다.

제7절 지방인민위원회

제145조 도(직할시), 시(구역), 군인민위원회는 해당 인민회의 휴회중의 지방주권기관이며 해당 지방주권의 행정적집행기관이다.

제146조 지방인민위원회는 위원장, 부위원장, 사무장, 위원들로 구성한다. 지방인민위원회 임기는 해당 인민회의 임기와 같다.

제147조 지방인민위원회는 다음과 같은 임무와 권한을 가진다.

1. 인민회의를 소집한다.
2. 인민회의 대의원선거를 위한 사업을 한다.
3. 인민회의 대의원들과의 사업을 한다.
4. 조선민주주의인민공화국 국무위원회 위원장 명령, 최고인민회의 법령, 결정, 국무위원회 정령, 결정, 지시, 최고인민회의 상임위원회 정령, 결정, 지시, 내각과 내각위원회, 성의 결정, 지시, 해당 지방인민회의, 상급인민위원회 결정, 지시를 집행한다.
5. 해당 지방의 모든 행정사업을 조직집행한다.
6. 지방의 인민경제발전계획을 작성하며 그 실행대책을 세운다.
7. 지방예산을 편성하며 그 집행대책을 세운다.
8. 해당 지방의 사회질서유지, 국가 및 사회협동단체의 소유와 리익의 보호, 공민의 권리보장을 위한 대책을 세운다.
9. 해당 지방에서 국가관리질서를 세우기 위한 검열, 통제사업을 한다.
10. 하급인민위원회사업을 지도한다.
11. 하급인민위원회의 그릇된 결정, 지시를 페지하며 하급인민회의의 그릇된 결정의 집행을 정지시킨다.

제148조 지방인민위원회는 전원회의와 상무회의를 가진다.

지방인민위원회 전원회의는 위원전원으로 구성하며 상무회의는 위원장, 부위원장, 사무장들로 구성한다.

제149조 지방인민위원회 전원회의는 자기의 임무와 권한을 실현하는데

서 나서는 중요한 문제들을 토의결정한다.

상무회의는 전원회의가 위임한 문제들을 토의결정한다.

제150조 지방인민위원회는 결정과 지시를 낸다.

제151조 지방인민위원회는 자기 사업을 돕는 비상설부문위원회를 둘 수 있다.

제152조 지방인민위원회는 자기 사업에 대하여 해당 인민회의 앞에 책임진다.

지방인민위원회는 상급인민위원회와 내각, 최고인민회의 상임위원회에 복종한다.

제8절 검찰소와 재판소

제153조 검찰사업은 중앙검찰소, 도(직할시), 시(구역), 군검찰소와 특별검찰소가 한다.

제154조 중앙검찰소 소장의 임기는 최고인민회의 임기와 같다.

제155조 검사는 중앙검찰소가 임명 또는 해임한다.

제156조 검찰소는 다음과 같은 임무를 수행한다.

1. 기관 기업소 단체와 공민들이 국가의 법을 정확히 지키는가를 감시한다.
2. 국가기관의 결정, 지시가 헌법, 조선민주주의인민공화국 국무위원회 위원장 명령, 최고인민회의 법령, 결정, 국무위원회 정령, 결정, 지시, 최고인민회의 상임위원회 정령, 결정, 지시, 내각 결정,

지시에 어긋나지 않는가를 감시한다.

3. 범죄자를 비롯한 법위반자를 적발하고 법적책임을 추궁하는 것을 통하여 조선민주주의인민공화국의 주권과 사회주의제도, 국가와 사회협동단체재산, 인민의 헌법적권리와 생명재산을 보호한다.

第157조 검찰사업은 중앙검찰소가 통일적으로 지도하며 모든 검찰소는 상급검찰소와 중앙검찰소에 복종한다.

第158조 중앙검찰소는 자기 사업에 대하여 최고인민회의와 그 휴회중에 최고인민회의 상임위원회앞에 책임진다.

第159조 재판은 중앙재판소, 도(직할시)재판소, 시(구역), 군인민재관소와 특별재판소가 한다.

판결은 조선민주주의인민공화국의 이름으로 선고한다.

第160조 중앙재판소 소장의 임기는 최고인민회의 임기와 같다.

중앙재판소, 도(직할시)재판소, 시(구역), 군인민재판소의 판사, 인민참심원의 임기는 해당 인민회의 임기와 같다.

第161조 특별재판소의 소장과 판사는 중앙재판소가 임명 또는 해임한다.

특별재판소의 인민참심원은 해당 군무자회의 또는 종업원회의에서 선거한다.

第162조 재판소는 다음과 같은 임무를 수행한다.

1. 재판활동을 통하여 조선민주주의인민공화국의 주권과 사회주의제도, 국가와 사회협동단체재산, 인민의 헌법적 권리와 생명재산을 보호한다.

2. 모든 기관, 기업소, 단체와 공민들이 국가의 법을 정확히 지키고 계급적 원쑤들과 온갖 법위반자들을 반대하여 적극 투쟁하도록 한다.
3. 재산에 대한 판결, 판정을 집행하며 공증사업을 한다.

제163조 재판은 판사 1명과 인민참심원 2명으로 구성된 재판소가 한다. 특별한 경우에는 판사 3명으로 구성하여 할 수 있다.

제164조 재판은 공개하며 피소자의 변호권을 보장한다.
법이 정한데 따라 재판을 공개하지 않을 수 있다.

제165조 재판은 조선말로 한다. 다른 나라 사람들은 재판에서 자기 나라 말을 할 수 있다.

제166조 재판소는 재판에서 독자적이며 재판활동을 법에 의거하여 수행한다.

제167조 중앙재판소는 조선민주주의인민공화국의 최고재판기관이다.
중앙재판소는 모든 재판소의 재판사업을 감독한다.

제168조 중앙재판소는 자기 사업에 대하여 최고인민회의와 그 휴회 중에 최고인민회의 상임위원회 앞에 책임진다.

제7장 국장, 국기, 국가, 수도

제169조 조선민주주의인민공화국의 국장은 《조선민주주의인민공화국》

이라고 쓴 붉은 띠로 땋아 올려감은 벼이삭의 타원형 테두리 안에 웅장한 수력발전소가 있고 그우에 혁명의 성산 백두산과 찬연히 빛나는 붉은 오각별이 있다.

제170조 조선민주주의인민공화국의 국기는 기발의 가운데에 넓은 붉은 폭이 있고 그 아래우에 가는 흰 폭이 있으며 그다음에 푸른 폭이 있고 붉은 폭의 기대달린 쪽 흰 동그라미 안에 붉은 오각별이 있다.

기발의 세로와 가로의 비는 1:2이다.

제171조 조선민주주의인민공화국의 국가는 《애국가》이다.

제172조 조선민주주의인민공화국의 수도는 평양이다.

조선민주주의인민공화국 인민보안단속법

주체81(1992)년 12월 28일 최고인민회의 상설회의 결정 제22호로 채택
주체88(1999)년 3월 24일 최고인민회의 상임위원회 정령 제540호로 수정보충
주체90(2001)년 9월 13일 최고인민회의 상임위원회 정령 제2566호로 수정보충
주체91(2002)년 5월 22일 최고인민회의 상임위원회 정령 제3052호로 수정보충
주체94(2005)년 7월 26일 최고인민회의 상임위원회 정령 제1226호로 수정보충
주체96(2007)년 2월 27일 최고인민회의 상임위원회 정령 제2144호로 수정보충

제1장 인민보안단속법의 기본

제1조 (인민보안단속법의 사명)

조선민주주의인민공화국 인민보안단속법은 인민보안단속에서 제도와 질서를 엄격히 세워 법 질서를 어기는 행위를 저지시키고 정확히 조사, 처리하는데 이바지한다.

제2조 (군중로선의 관철원칙)

온 사회에 법질서를 세우는 것은 인민대중의 지향이며 요구이다.

국가는 인민보안단속에서 인민대중의 리익을 옹호하고 그들의 힘과 지혜에 의거하도록 한다.

제3조 (법질서위반행위의 미연방지원칙)

법질서를 어기는 것은 국가와 인민대중의 리익을 좀먹는 유해로운 행위이다.

국가는 준법교양과 법적단속을 강화하여 법질서를 어기는 행위를 미리 막도록 한다.

제4조 (과학성과 객관성, 신중성의 보장원칙)

국가는 인민보안단속에서 과학성과 객관성, 신중성을 보장하도록 한다.

제5조 (사회적교양과 법적제재의 결합원칙)

국가는 법질서를 어긴 자의 처리에서 사회적교양을 위주로 하면서 법적제재를 옳게 결합시키도록 한다.

제6조 (인권유린, 직권람용행위의 금지원칙)

국가는 인민보안단속에서 인권을 유린하거나 직권을 람용하지 않도록 한다.

제7조 (인민보안단속법의 적용대상)

이 법은 형사책임을 추궁할 정도에 이르지 못한 법질서를 어긴 자에게 적용한다.

제2장 인민보안단속대상

제8조 (일반적단속대상)

단속대상을 바로 정하는 것은 인민보안단속사업의 첫 공정이다.

인민보안기관은 법질서를 어기는 행위를 엄격히 단속하여야 한다.

제9조 (국가의 정치적안전에 위험을 주는 행위)

인민보안기관은 국가의 정치적 안전에 위험을 주는 행위를 단속한다.

제10조 (국가 및 사회협동단체와 공민의 재산을 략취하는 행위)

인민보안기관은 기관, 기업소, 단체와 공민의 재산을 략취하는 것 같은 행위를 단속한다.

제11조 (국가재산관리질서와 수출입질서를 어기거나 계획실행정형을 거짓보고 하는 행위)

인민보안기관은 설비, 자재, 생산물을 되는대로 관리하여 못쓰게 만들거나 또는 계획실행정형을 거짓보고하거나 수출입질서를 어기는 것 같은 행위를 단속한다.

제12조 (사회주의상업질서를 어기는 행위)

인민보안기관은 상품을 비법적으로 판매하거나 정해진 가격을 어기는 것 같은 행위를 단속한다.

제13조 (국가재산비법처리와 비법적인 봉사행위)

인민보안기관은 기관, 기업소, 단체의 설비, 자재를 비법적으로 빼내거나 승인없이 음식물매대 같은 봉사시설을 갖추어 놓고 돈벌이를 하는 행위를 단속한다.

제14조 (기관, 기업소, 단체에서 비법적으로 돈벌이를 조직하는 행위)

인민보안기관은 기관, 기업소, 단체의 종업원이 비법적으로 돈벌이를 조직하는 행위를 단속한다.

제15조 (농기계, 부림소관리와 영농물자 보관관리, 리용질서를 어기는 행위)

인민보안기관은 농기계, 부림소관리를 바로 하지 않거나 비료, 농약 같은 영농물자의 보관, 리용질서를 어기는 행위를 단속한다.

제16조 (외화벌이, 외화관리질서를 어기는 행위)

인민보안기관은 외화벌이기지를 꾸리지 않고 외화벌이를 하거나 외화관리질서를 어기는 행위를 단속한다.

제17조 (전기랑비행위)

인민보안기관은 비법적으로 전열기를 쓰는 것 같은 전기를 랑비하는 행위를 단속한다.

제18조 (출퇴근정형을 장악하지 않거나 로동시간을 지키지 않는 행위)

인민보안기관은 종업원의 출퇴근정형을 제때에 장악하지 않거나 또는 정당한 리유 없이 직장에 출근하지 않거나 로동시간을 지키지 않는 것 같은 행위를 단속한다.

제19조 (로력동원질서를 어기는 행위)

인민보안기관은 기관, 기업소, 단체의 로력을 다른 일에 망탕 동원시키거나 계획된 로력을 제때에 동원시키지 않는 행위를 단속한다.

제20조 (비법의료행위)

인민보안기관은 의료일군이 환자에 대한 치료를 불성실하게 하거나 의료일군이 아닌 자가 환자를 치료하는 것 같은 행위를 단속한다.

제21조 (미신을 믿거나 요언을 퍼뜨리는 행위)

인민보안기관은 점을 치는 것과 같은 미신행위를 하거나 사실을 날조, 왜곡하거나 요언을 퍼뜨리는 것 같은 행위를 단속한다.

第22条 (퇴페적인 사상문화류포행위)

인민보안기관은 퇴페적인 음악, 춤, 그림, 사진, 도서를 복사, 류포하거나 콤퓨터, 인쇄기, 수자식촬영기, 반도체라지오, 반도체라지오가 달린 록음기의 등록질서를 어기는 것 같은 행위를 단속한다.

第23条 (불량자적행위)

인민보안기관은 패싸움을 하거나 또는 녀성을 희롱하거나 남의 옷에 더러운 것을 발라놓는 것 같은 불량자적행위를 단속한다.

第24条 (술을 마시고 추태를 부리거나 공공시설물리용질서를 어기는 행위)

인민보안기관은 술을 마시고 공공장소에서 추태를 부리거나 공공시설물을 파손시키거나 그 리용질서를 어기는 행위를 단속한다. 그러나 인민들의 문화정서생활에 지장을 줄 수 있는 단속은 할 수 없다.

第25条 (철길, 고속도로, 관광도로와 그 주변에서 제정된 질서를 어기는 행위)

인민보안기관은 철길, 고속도로로 걸어 다니거나 관광도로와 그 주변에서 공중도덕과 제정된 질서를 어기는 행위를 단속한다.

第26条 (렬차, 전차, 뻐스의 정상적 운행에 지장을 주는 행위)

인민보안기관은 렬차, 전차, 뻐스에 설치한 시설을 파손시키거나 그 정상적 운행에 지장을 주는 행위를 단속한다.

第27条 (밀주행위, 국가가 금지시킨 물건과 시장 밖에서 물건을 팔고 사는 행위)

인민보안기관은 장사, 물물교환을 목적으로 술을 만들거나 또는 국가가 금지시킨 물건을 팔고 사거나 시장 밖에서 물건을 팔고 사는 행위를 단속한다.

제28조 (밀수, 밀매, 비법월경행위)

인민보안기관은 비법적으로 밀수 밀매하거나, 허가없이 국경을 넘나드는 것 같은 행위를 단속한다.

제29조 (도적물건매매행위)

인민보안기관은 도적물건을 숨겨주거나 또는 팔아주거나 사는 행위를 단속한다.

제30조 (려행질서, 걸어다니는 질서위반행위)

인민보안기관은 려행질서, 걸어다니는 질서를 어기는 행위를 단속한다.

제31조 (비밀관리질서위반행위)

인민보안기관은 기관, 기업소, 단체와 공민이 기밀자료, 인쇄설비의 보관, 리용질서를 어기는 행위를 단속한다.

제32조 (경비질서위반행위)

인민보안기관은 기관, 기업소, 단체와 인민반에서 경비질서를 어기는 행위를 단속한다.

제33조 (신분등록, 숙박등록, 살림집리용질서를 어기는 행위)

인민보안기관은 신분등록, 숙박등록, 살림집리용질서를 어기는 행위를 단속한다.

제34조 (교통안전질서와 빈차운행질서를 어기는 행위)

인민보안기관은 륜전기재를 등록하지 않거나 기술검사를 받지 않거나 술을 마시고 운전하거나 또는 배출기준을 초과하여 유해가스를 내보내는 륜전기재를 운행하는 것 같은 교통안전질서와 빈차운행질서를 어기는 행위를 단속한다.

제35조 (화재방지질서위반행위)

인민보안기관은 기관, 기업소, 단체에서 화재방지시설 또는 기재를 갖추지 않거나 승인없이 건물, 불당기는 물질보관시설을 건설, 리용하는 행위를 단속한다.

제36조 (화약류, 총기류, 방사성 및 독성물질의 취급질서위반행위)

인민보안기관은 화약류, 총기류와 방사성, 독성물질의 취급질서를 어기는 행위를 단속한다.

제37조 (내압설비, 열설비, 권양설비, 나룻배 검사와 운영질서위반행위)

인민보안기관은 내압설비, 열설비, 사람이 타는 권양설비, 나루배를 정해진 기간에 검사 받지 않거나 그 운영질서를 어기는 행위를 단속한다.

제38조 (자연재해방지질서위반행위)

인민보안기관은 큰물피해, 지진피해, 물에 빠지는 사고를 막기 위한 대책을 세우지 않는 행위를 단속한다.

제39조 (리로운 동식물보호 및 국토환경보호질서위반행위)

인민보안기관은 금지된 시기와 장소에서 또는 금지된 방법으로 리로운 동식물을 잡거나 채취하는 행위, 산림을 람도벌하는 행위와 물, 공기, 토양을 오염시키는 행위를 단속한다.

제40조 (신고자, 충고를 주는 자를 폭행, 모욕하는 행위)

인민보안기관은 법질서를 어긴 행위에 대하여 신고하거나 충고를 주는 자에게 폭행을 가하거나 반항, 모욕하는 것 같은 행위를 단속한다.

제3장 인민보안단속방법과 절차

제41조 (인민보안단속방법과 절차의 준수)

인민보안단속방법과 절차를 엄격히 지키는 것은 인민의 권리와 리익을 보호하고 법질서를 어기는 행위와의 투쟁을 바로 할 수 있게 하는 중요담보이다.

인민보안기관은 이 법에 규정된 단속방법과 절차를 엄격히 지켜야 한다.

제42조 (법질서를 어긴 자에 대한 단속방법)

인민보안원은 법질서를 어긴 자를 단속할 경우 자기 신분을 밝히고 단속리유를 알려준 다음 그의 신분을 확인하고 법질서를 어긴 행위와 관련있다고 인정되는 물건과 문서를 보거나 필요한 내용을 조사할 수 있다.

제43조 (인민보안원의 요구와 그에 응해야 할 단속된 자와 증인의 임무)

인민보안원은 단속한 자의 신분이나 법질서를 어긴 내용이 정확히 확인되지 않을 경우 단속된 자와 증인에게 다른 장소나 인민보안기관 또는 자기 사무실까지 함께 갈 것을 요구할 수 있다.

단속된 자와 증인은 인민보안원의 요구에 응하며 법질서를 어긴 행위와 관련된 물음에 사실대로 답변하여야 한다.

제44조 (수집한 자료, 신고받은 자료, 이관받은 자료에 대한 조사)

인민보안원은 법질서를 어긴 행위와 관련있는 자료를 수집하였거나 신고받았거나 이관받은 경우 그것을 대장에 등록하고 조사하여야 한다.

제45조 (증거의 수집과 고착)

인민보안원은 법질서를 어긴 행위에 대하여 증거를 찾아내고 진술서를 비롯한 조서에 고착시켜야 한다. 필요한 경우에는 사진을 찍거나 록음, 록화할 수 있다.

록음, 록화한 내용은 해당 조서가 있어야 증거로 쓸 수 있다.

제46조 (조서의 작성)

법질서를 어긴 자를 단속한 경우에는 현지 또는 필요한 장소에서 조서를 작성한다.

여러 명이 공모하여 법질서를 어긴 경우에는 조서를 개인별로 작성한다.

필요한 경우에는 진술내용을 진술자의 자필로 받을 수 있다.

조서에는 단속된 자의 신분관계와 단속날자, 장소, 근거를 밝히고 작성자와 단속된 자 또는 증인 감정인, 해석인, 통역인, 립회인의 도장이나 지장을 찍는다.

제47조 (억류대상)

인민보안원은 법질서를 어기고 도주하거나 또는 공모하여 법질서를 어겼거나 조사를 방해하는 자, 방랑자, 신분이 확인되지 않은 자를 억류할 수 있다.

운행질서를 어긴 자동차, 뜨락또르, 배를 비롯한 운수수단도 억류할 수 있다.

제48조 (법질서위반자 및 운수수단 억류절차)

법질서를 어긴 자 또는 운수수단을 억류하려 할 경우에는 대장에 등록하고 24시간 안으로 단위책임자의 비준을 받는다.

억류한 자에게 로동을 시키거나 억류한 운수수단을 리용할 수 없다.

제49조 (억류된 자에 대한 통보)

법질서를 어긴 자를 억류하였을 경우에는 24시간 안으로 검사에게 알린다.

억류된 자의 가족과 직장 또는 거주지의 사무소에도 알린다.

제50조 (억류기간)

법질서를 어긴 자의 억류기간은 인민보안소는 3일, 시(구역) 군인민보안서는 10일까지이다.

그러나 큰 규모의 국가재난략취행위같이 복잡하거나 공모자가 도주하여 10일안에 사고조사를 끝낼 수 없을 부득이한 경우에는 해당검찰소 검사의 승인을 받아 10일까지 연장할 수 있다.

륜전기재는 시(구역)군인민보안서가 10일까지 억류할 수 있다.

산전 3개월 산후 7개월까지 녀성과 중병, 전염성질병환자는 억류할 수 없다.

제51조 (기술기재사용)

법질서를 어긴 자가 단속에 응하지 않고 도주하거나 단속하는 보안원에게 폭행을 가하는 것 같은 법질서를 심히 문란시키는 자를 체포하는데 다른 방법이 없다고 인정될 경우에는 기술기재를 사용할 수 있다.

제52조 (단속된 자에 대한 조사활동)

인민보안원은 법질서를 어긴 행위로 단속한 자를 조사처리하기 위하여 다음과 같이 할 수 있다.

1. 기관, 기업소, 단체의 일군 또는 개별적 공민으로부터 필요한 설명을 들을 수 있다.
2. 단속된 자의 몸과 입은 옷에서 법질서를 어긴 행위와 관련있는 흔적, 특징, 물건을 찾아내기 위하여 검신할 수 있다. 이 경우 2명의 립회인을 세운다.
3. 법질서를 어긴 행위와 관련있는 물건과 문서를 해당 조사가 끝날 때까지 인민보안기관 또는 필요한 장소에 보관시킬 수 있다.
4. 전문감정기관이나 또는 해당 부문의 국가적자격이나 전문지식을 가진 자로부터 과학기술적 방조를 받을 수 있다.

제53조 (군중인입과 운수수단, 기술기재 리용)

인민보안원은 인민보안단속에 군중을 인입할 수 있으며 도주하는 법질서를 어긴 자를 체포하기 위하여 긴급히 필요한 경우 기관, 기업소, 단체와 공민이 가지고 있는 운수수단, 기술기재를 리용할 수 있다.

제4장 단속한 자의 처리

제54조 (단속한 자의 처리에서 지켜야 할 요구)

단속한 자의 처리는 법질서를 어긴 자를 개준시키기 위한 중요한 사업이다.

인민보안기관은 법질서를 어긴 자의 개준성과 법질서를 어긴 행위의 위험성정도를 고려하여 처리하여야 한다.

제55조 (단속된 자의 이관)

법질서를 어긴 자를 단속하였을 경우에는 그의 거주지나 직장을 관할하는 인민보안기관에 넘겨 주거나 교양처리 할 수 있다. 이 경우 해당 조서와 증거물 같은 것을 함께 넘긴다.

단속한 군인은 조서와 함께 해당 기관에 넘긴다.

제56조 (단속된 자의 처리결정)

법질서를 어긴 자를 단속한 인민보안원은 법질서를 어긴 자료를 단위책임자의 비준을 받아 해당 인민보안기관 책임일군협의회에 제기하여야 한다.

제57조 (행정적처벌의 종류)

인민보안기관 책임일군협의회는 법질서를 어긴 자료를 심의하고 로동교양, 자격정지, 강급, 자격박탈, 중지, 몰수처벌을 주거나 교양처리 할 수 있다. 제1항에 지적되지 않은 행정적 처벌을 주려할 경우에는 사회주의법무생활지도위원회에 제기하며 형사적책임을 추궁하려할 경우에는 형사소송법에 따른다.

려행질서, 교통질서, 빈차운행질서를 어긴 자에게 직접 벌금을 물릴 수 있다.

제58조 (단속된 자의 처리기간)

법질서를 어긴 자의 처리기간은 단속한 날부터 30일간으로 한다.

제59조 (기관, 기업소, 단체들에서의 위법행위를 바로 잡기 위한 대책)

인민보안기관은 법질서를 어긴 행위를 바로 잡기 위하여 기관, 기업소, 단체에 위법행위를 없앨 데 대한 대책적의견을 구두 또는 서면으로 제기할 수 있다.

대책적의견에는 법질서를 어긴 내용을 어떤 방법으로 언제까지 시정할 데 대하여 지적하여야 한다.

대책적의견을 제기 받은 기관, 기업소, 단체의 책임일군은 지적된 기간 안에 결함을 고치고 인민보안기관에 알려야 한다.

제60조 (단속된 자의 교양처리)

법질서를 어긴 행위가 가벼운 경우에는 법질서를 어긴 자의 보호자나 그의 교양을 책임진 자로부터 담보서를 받고 교양처리 할 수 있다.

제61조 (압수 및 몰수)

법질서를 어긴데 리용한 수단, 부당하게 얻은 돈과 물건은 압수 또는 몰수할 수 있다.

압수품과 몰수품은 따로 정한 절차에 따라 처리한다.

조선민주주의인민공화국
인민보안법

주체 년 96(2007) 4월 11일 최고인민회의 상임위원회 정령 제2206호로 채택

제1장 인민보안법의 기본

제1조 사명

조선민주주의인민공화국 인민보안법은 인민보안사업에서 제도와 질서를 엄격히 세워 국가의 안전과 인민의 생명재산을 옹호보위하는데 이바지한다.

제2조 인민보안사업의 발전원칙

국가는 인민보안사업에서 이룩된 성과를 공고히 하며 그것을 끊임없이 강화발전시키도록 한다.

제3조 로동계급적 요구와 준수원칙

국가는 인민보안사업에서 로동계급적 요구와 리익을 철저히 지키도록 한다.

제4조 군중로선의 관철원칙

국가는 인민보안사업에서 광범한 군중의 힘과 지혜에 철저히 의거하며 그들이 법의 준수와 사회질서유지사업에 자각적으로 참가하도록 한다.

제5조 과학성, 객관성, 신중성보장원칙

국가는 인민보안사업에서 과학성과 객관성, 신중성을 보장하도록 한다.

第6조 다른 나라, 국제기구와 교류, 협조

국가는 인민보안분야에서 다른 나라, 국제기구들과의 교류와 협조를 발전시킨다.

第2장 인민보안기관

第7조 인민보안기관조직의 기본요구

인민보안기관의 조직을 바로 하는 것은 인민보안기관의 사명과 임무를 원만히 수행하기 위한 중요조건이다.

중앙인민보안지도기관은 인민보안사업의 특성에 맞게 인민보안사업을 합리적으로 조직하여야 한다.

第8조 인민보안기관의 구분

인민보안부문에는 중앙인민보안지도기관과 지방인민보안기관을 둔다.

중앙인민보안지도기관에는 부서, 직속기관과 필요한 위원회를 둔다.

第9조 지방인민보안기관

지방인민보안기관에는 도(직할시), 시(구역), 군인민보안기관과 시, 군급 기능을 수행하는 기관, 기업소인민보안기관이 속한다.

지방인민보안기관에는 필요한 부서와 직속기관을 둔다.

第10조 인민보안소

시(구역), 군인민보안기관과 그와 같은 기능을 수행하는 기관, 기업소인민보안기관의 아래에 일정한 행정구역 또는 부문을 단위로 인민보안소를 둔다.

인민보안소는 말단인민보안기관이다.

제11조 인민보안기관의 임무

인민보안기관의 임무는 다음과 같다.

1. 국가의 정치적안전에 위험을 주는 행위를 진압한다.
2. 퇴페적인 문화를 끌어들이거나 류포시키는 행위를 단속통제한다.
3. 범죄와 위법행위를 단속, 수사, 적발한다.
4. 국가의 경제정책집행과 경제관리에서 사회주의원칙을 지키는가를 감독통제한다.
5. 사회공중질서침해행위를 단속통제한다.
6. 교통안전질서를 유지하고 그것을 어기는 행위를 단속통제한다.
7. 기관, 기업소, 단체의 경비사업을 감독통제하며 중요 기관, 기업소와 시설에 대한 경비사업을 한다.
8. 총기류, 화학류와 폭발물, 방사성, 독성물질 같은 위험물질의 취급처리질서를 감독통제한다.
9. 소방사업조직과 화재사고, 로동재해 같은 각종 사고방지사업집행을 감독통제한다.
10. 출생, 거주, 퇴거 같은 공민등록사업을 한다.
11. 큰물, 지진, 해일 같은 자연재해를 막기 위한 사업을 감독통제한다.
12. 항공감시, 경보감시, 대피, 소개, 공습피해제거 같은 민간반항공사업을 한다.
13. 기관, 기업소, 단체의 비밀관리사업과 콤퓨터정보계통의 안전보호사업을 감독통제한다.
14. 이밖에 판결, 판정의 집행을 비롯하여 법이 정한 사업을 한다.

제12조 범죄자, 범죄혐의자의 강제처분

인민보안기관은 범죄와 범죄사실을 정확히 밝히기 위하여 체포, 수색, 압수, 또는 구금, 구류할 수 있으며 수사, 예심행위를 한다. 이 경우 형사소송법에 따른다.

제13조 위법행위의 단속처리

인민보안기관은 위법행위를 단속하고 필요한 조사를 할 수 있으며 엄중한 위법행위를 저지른 자와 운행질서를 어긴 운수수단을 억류할 수 있다. 이 경우 인민보안단속법에 따른다.

제14조 운수수단, 기술기재의 리용

인민보안기관은 범죄자추격, 사회질서유지 같은 임무수행과정에 긴급히 필요한 운수수단, 기술기재의 보장을 요구할 수 있다.

해당 기관, 기업소, 단체와 공민은 인민보안기관의 요구에 응하여야 한다.

제15조 군중신고체계의 수립

기관, 기업소, 단체와 공민은 발견한 범죄와 위법행위를 즉시 인민보안기관에 신고하여야 한다.

인민보안기관은 제기된 신고를 제때에 접수처리하고 그 결과를 신고자에게 알려 주어야 한다.

제16조 범죄, 위법행위요소자 료해장악

인민보안기관은 관할지역의 범죄와 위법행위를 저지를 수 있는 자를 빠짐없이 료해장악하고 교양사업과 단속통제사업을 강화하여야 한다.

제17조 인민보안사업의 협력

인민보안기관은 관할지역의 기관, 기업소, 단체와 공민을 인민보안사업에 인입할 수 있다.

기관, 기업소, 단체와 공민은 인민보안사업을 적극 협력하여야 한다.

제3장 인민보안원

제18조 인민보안원 선발의 기본요구

인민보안원은 인민보안사업의 직접적담당자이다.

인민보안기관은 인민보안원의 선발배치를 바로 하여야 한다.

제19조 인민보안원의 자격

인민보안원은 해당한 자격을 가진 자만이 될 수 있다.

중앙인민보안지도기관은 인민보안원을 계획적으로 양성하여야 한다.

제20조 명령, 지시의 집행

인민보안원은 상급의 명령, 지시를 정확히 집행하며 높은 자각성과 성실성에 기초하여 맡은 임무를 제때에 수행하여야 한다.

국가는 사업에서 위훈을 세운 인민보안원에게 훈장과 메달을 비롯한 표창을 한다.

제21조 범죄, 위법행위의 제압, 재해구조

인민보안원은 발견한 범죄 또는 위법행위를 즉시 제압하여야 한다.

자연재해, 로동재해 같은 긴급사태발생시에는 국가와 인민의 생명재산을 먼저 구조하여야 한다.

제22조 기술기재의 사용

인민보안원은 엄중한 범죄 또는 위법행위를 제압하기 위하여 필요한 기술기재를 사용할 수 있다.

폭력행위, 무기탈취행위 같은 범죄를 저지르고 도주하는 자를 체포하는데 다른 방도가 없을 경우에는 무기를 사용할 수 있다.

제23조 법규와 사회질서의 자각적 준수

인민보안원은 국가의 법과 규정, 사회질서를 자각적으로 지키며 인민을 존중하고 례절있게 대하여야 한다.

제24조 직권람용행위, 월권행위, 뢰물행위의 금지

인민보안원은 직권람용행위, 월권행위, 뢰물행위를 하지 말아야 한다.

제25조 자유구속 및 수색의 금지

인민보안원은 비법적으로 사람의 자유를 구속하거나 몸이나 물건, 살림집 같은 것을 수색하지 말아야 한다.

제26조 국가비밀의 엄수

인민보안원은 인민보안사업비밀을 비롯한 국가비밀을 엄수하여야 한다.

제4장 인민보안사업의 현대화

제27조 인민보안사업현대화의 기본요구

인민보안사업의 현대화를 실현하는 것은 현실발전의 요구에 맞게 인민보안사업을 발전시키는 데 서 나서는 필수적요구이다.

중앙인민보안지도기관은 인민보안사업의 현대화를 실현하기 위한 전망계획을 바로 세우고 단계별로 정확히 실행하여야 한다.

제28조 기초시설의 건설

인민보안기관은 인민보안사업에 필요한 기초시설건설을 기본건설계획과 부문별건설총계획에 반영하여야 한다.

제29조 기술수단과 수법의 갱신

인민보안기관은 증거의 발견, 수집, 고착, 조사 같은 범죄와 위법행위를 제때에 정확히 적발하기 위한 기술수단과 수법을 범죄수사학적, 과학기술적 요구에 맞게 부단히 갱신하여야 한다.

제30조 통신수단과 사무처리의 현대화

인민보안기관은 인민보안사업에 현대적인 통신수단을 널리 받아들이고 콤퓨터화를 실현하여 지휘통신과 사무처리의 신속정확성을 보장하여야 한다.

제31조 기동수단의 구비, 수리정비

인민보안기관은 순찰차, 교통단속차, 소방차 같은 기동수단을 규정한대로 갖추어야 한다.

기동수단의 수리주기를 지키며 그 질을 보장하여야 한다.

제32조 현대적인 기술기재의 생산보장

중앙인민보안지도기관과 해당 기관은 인민보안사업에 필요한 기술기재생산기지를 튼튼히 꾸리고 현대적인 기술기재를 생산보장하여야 한다.

제33조 최신과학기술의 연구도입

중앙인민보안지도기관과 해당 기관은 인민보안사업발전에 가치있는 최신과학기술을 연구개발하고 적극 도입하여야 한다.

제34조 설비, 자재, 자금의 보장

국가계획기관과 자재공급기관, 재정은행기관, 해당 기관은 인민보안사업의 현대화를 실현하는데 필요한 설비, 자재, 자금을 제때에 보장하여야 한다.

제5장 인민보안사업에 대한 지도통제

제35조 인민보안사업에 대한 지도통제의 기본요구

인민보안사업에 대한 지도통제를 강화하는 것은 국가의 인민보안정책을 철저히 집행하기 위한 확고한 담보이다.

국가는 현실발전의 요구에 맞게 인민보안사업에 대한 지도와 감독통제사업을 강화하도록 한다.

제36조 인민보안사업에 대한 지도

인민보안사업에 대한 지도는 중앙인민보안지도기관이 한다.

중앙인민보안지도기관은 인민보안사업에 대한 지도체계를 바로 세우고 인민보안사업을 정상적으로 장악지도하여야 한다.

제37조 지방인민보안기관의 임무

지방인민보안기관은 관할지역의 인민보안사업실태를 료해하고 책임적으로 지도하여야 한다.

제38조 지방정권기관, 해당기관, 기업소, 단체의 임무

지방정권기관과 해당기관, 기업소, 단체는 인민보안기관에서 정기복무년한을 마친 자를 사회적으로 우대하며 그들의 생활을 잘 돌보아주어야

한다.

제39조 인민보안사업에 대한 감독통제

인민보안사업에 대한 감독통제는 중앙인민보안지도기관과 해당 감독통제기관이 한다.

중앙인민보안지도기관과 해당 감독통제기관은 수사, 예심활동을 비롯한 인민보안기관의 사업을 엄격히 감독통제하여야 한다.

제40조 행정적 또는 형사적책임

이 법을 어겨 인민보안사업에 엄중한 결과를 일으킨 자에게는 정상에 따라 행정적 또는 형사적책임을 지운다.

감사의 글

子欲養而親不待*(자욕양이친부대)

- 韓詩外傳(한시외전) -

2018년 가을.

명절을 앞둔 어느날 출근 준비를 하는데 어머니 전화를 받았다.

아버지(故 성연석)께서 야간 근무 도중 순직하셨다.(향년 73세)

불과 며칠 전에 생신을 축하드렸기에 아버지의 별세가 실감나지 않았다. 80세 이상까지는 건강하게 생활하시리라 예상했는데...

아버지! 당신께 감사드립니다.

당신이 계셨기에 제가 2000년부터 국방의 의무를 수행하며 공직 생활을 시작할 수 있었습니다.

당신께 이 도서를 헌정합니다.

앞으로 이 책을 시작으로 안보와 평화를 위한 연구를 꾸준히 하려합니다. 당신께서 항상 저를 지켜 보시며 저에게 용기와 지혜를 주십시오. 그리고 당신께서 사랑하신 어머니가 항상 건강하고 행복할 수 있도록 보호해 주십시오.

* 자식이 부모에게 봉양하고자 하나 부모는 기다려 주지 않는다는 뜻으로, 효도를 다하지 못한 채 부모를 잃은 자식의 슬픔을 가리키는 말로 부모가 살아계실 때 효도를 다하라는 뜻

좋은 책이 출판될 수 있도록 적극적으로 도와주신 진영사 박진영 사장님, 김동현 편집부장님, 박건 대리님께 감사드립니다. 진영사는 안보(군사, 경찰 등)전문 출판사답게 무색무취의 저의 글을 빛나는 보석으로 만들어 주셨습니다.

전현준 동북아평화협력연구원 원장님, 오경섭 통일연구원 연구위원님, 안희창 前 중앙일보 논설위원님 등께 특별히 감사드립니다. 이 분들은 제가 박사논문을 작성할 때부터 북한 경찰에 대한 자료 인용을 흔쾌히 허락하여 주셨고, 구하기 힘든 북한 자료들을 제공해 주셨습니다.

많은 분들의 선행연구와 도움이 있었기에 제가 도서를 출판할 수 있었습니다. 앞으로 제가 더 깊이 있는 연구를 통해 앞선 분들의 도움에 보답하겠습니다.

제가 사랑하는 세 여인.

아내 그리고 두 딸.

항상 저를 믿고 응원해주는 세 여인이 있기에 제가 아름다운 비전을 가슴에 품고 꿈의 실현을 위해 꾸준히 걸어갑니다. 앞으로도 세 여인이 저에게 사랑과 따뜻한 에너지를 계속 채워주길 소망합니다.

마지막으로 저의 도서에 관심을 가져 주시고 읽어 주신 모든 독자분들께 진심으로 감사드립니다.